Katharina Mahrenholtz
Spielen!

Katharina Mahrenholtz ✳ Dawn Parisi

Spielen!

1000 Sachen machen mit Papa

Wichtiger Hinweis:

Die Informationen und Ratschläge in diesem Buch wurden von der Autorin und dem Verlag mit größter Sorgfalt erarbeitet und geprüft. Eine Garantie (z. B. für wohlgelaunte Kinder, aber auch für deren Sicherheit!) kann jedoch nicht übernommen werden. Eine Haftung der Verfasserin bzw. des Verlags und seiner Beauftragten für Personen-, Sach- und Vermögensschäden ist ausgeschlossen. Der Verlag dankt Herrn Niko Feistle für wertvolle sachdienliche Hinweise.

Unser gesamtes lieferbares Programm und viele andere Informationen finden Sie unter www.sanssouci-verlag.de und www.kompetent-im-trend.de.

1 2 3 4 5   12 11 10 09 08

ISBN 978-3-8363-0074-2
© Sanssouci im Carl Hanser Verlag, München 2008
Alle Rechte vorbehalten
Einbandgestaltung und -illustration: Dawn Parisi, Hamburg
Satz: Dawn Parisi, Hamburg
Druck und Bindung: Kösel, Krugzell
Printed in Germany

Inhalt

Vorwort	10
Der Test	11
Einstiegstest	11
Auswertung: Working Dad, Azubi-Dad, Perfect Dad	14
PAPA ALS ABENTEURER	**16**
Indianerabenteuer	**18**
Kopfschmuck	19
Schnitzen	19
Flitzebogen	20
Stumpfe Pfeile	21
Pusterohr, Pfeife und Flöte aus Holunderholz	22
Weiden-Wigwam	24
Die neun schönsten Indianerhandzeichen	25
Iglu	26
Eislaterne	26
Piraten auf Kaperfahrt	**28**
Piratentuch	28
Kapitänshut	29
Säbel	29
Stelzen bauen	30
Kleines Boot / Floß	31
Schatzsuche	32
Die drei wichtigsten Seemannsknoten	33
Schatzsuche Extraklasse (Geocaching)	34
Robinsonade	**35**
Einfaches Zelt	35
Strickleiter bauen	36
Feuer machen	36
Schleuder	37
Flaschenpost	39
Einfache Sonnenuhr bauen	39
Echtes Floß	40
Kokosnuss schlachten	42
Essen für Abenteurer	43
Detektivabenteuer	**44**

INHALT

Geheimschriften	44
Geheimtinte	46
Fußabdruck in Gips	46
Bechertelefon	47
Time-out: Bücher & DVDs	48
Spielen mit Vielen	49
Fitzcarraldo	49
Über Hindernis hangeln	49
Häuptling, Häuptling, wie weit darf ich reiten?	50
Feuer, Wasser, Luft	50
Mord im Dunkeln	51
Basics: Shoppen für Superdads	52
PAPA ALS EXPEDITIONSLEITER	**54**
Expedition in Wald und Berge	**56**
Kompass bauen	57
Jäger und Sammler	58
Die sieben wichtigsten Wildpflanzen	59
Zwergengolf	60
Fossilien und »Edelsteine« suchen	60
Staudamm & Co.	61
Kastanien abschlagen	62
Feldstecher bauen	64
Wanderstock schnitzen	64
Expedition an den Strand	**65**
Sandburgen bauen	65
Spitzdrachen basteln	66
Muschelkette	66
Strandgut in Gips	68
Essen für Expeditionsteilnehmer	69
Expedition in den Schnee	**70**
Schneeschuhe bauen	70
Wintermurmelbahn bauen	70
Sessellift	71
Rallyecross per Schlitten	71
Zeltexpedition	**72**

Inhalt

Naturbett bauen	72
Angeln	74
Abendessen	74
Morsezeichen raten	75
Romantische Kerzen zu Wasser lassen	76
Sterne gucken	76
Die fünf nützlichsten Sternbilder	77
Expeditionen im Urban Jungle	78
… ins Schwimmbad	78
… ins Museum	78
… in den Zoo	78
… ins Planetarium	79
… auf den Schrottplatz	79
… auf den Abenteuerspielplatz	79
… zum Indoorspielplatz	79
… in die Kletterhalle	80
… in die Eishalle	80
Expeditionen in der Fantasie	80
Time-out: Bücher & DVDs	81
Spielen mit Vielen	82
Kegeln	82
Äquatorwache	82
Augen leuchten in der Dunkelheit	83
Basics für Superdads	84
PAPA ALS FORSCHER	**86**
Naturforscher	**88**
Botanisiertrommel basteln	88
Ein Winterheim für Igel	89
Regenwurmfarm anlegen	89
Schmetterlingsnetz (Kescher) bauen	90
Strukturen sammeln	91
Nurdachhaus für Vögel	91
Vogelfutter	92
Mini-Treibhaus	94
Die neun ultimativen Tierspuren	95

INHALT

Wetterforscher	**96**
Wetterfahne	96
Windrad	97
Schneekristalle unter der Lupe	98
Barometer	99
Tannenzapfen-Hygrometer	99
Wolkenkunde	100
Wetterbedingte Orientierungshilfen	100
Essen für Forscher	101
Forschen im Labor	**102**
Gummibärchen auf Tauchgang	102
Stromboli	103
Schnellboot	104
Apollo 13	104
Fiese Würmer	105
Bio-Kunststoff und Bio-Kleber	108
Stalaktiten und Stalagmiten	109
Luft hat Kraft!	109
Die befreite Münze	110
Time-out: Bücher & DVDs	111
Spielen mit Vielen	112
Geräusche-Memory	112
Tiere identifizieren	112
Eisstockschießen	113
Geisterbahn	113
Harmonie für die Superfamily	114
PAPA ALS PAUSENCLOWN	**116**
Pausenklassiker	**118**
Galgen raten	119
Papierbasteleien	120
Stein, Schere, Papier	121
Schiffe versenken	121
Wortketten	122
Pausentricks und -spiele	**122**
Münzen fangen	123

Inhalt

Erbsenspuk	124
Zaubertricks	124
Bierdeckel fangen	128
Pfefferfinger	128
Streichholzschachtel-Nasen	128
Rätsel	129
Pustewettbewerb	130
Tricks in und mit der Natur	130
Zungenbrecher	132
Pausen-Action	**133**
Fertighaus	133
Nicht-den-Boden-berühren	133
Fingertheater	134
Pantomime	134
Die sechs wildesten Schattentiere	135
Tischfußball	136
Winterpausen	**136**
Winterseifenblasen	137
Bauklötze aus Eis	137
Eisdeko	138
Huah – die Gruselhand!	138
Mandarinenlampe	139
Duftorange	139
Essen für Clownskinder	140
Time-out: Bücher & DVDs	141
Spielen mit Vielen	142
Stadt, Land, Fluss	142
Kurioses Theater	142
Geschichte spielen	143
Stille Post	143
ANHANG	**144**
Bastelanleitungen	146
Kopiervorlagen	150
Rezepte	153
Register	156

00 VORWORT

VORWORT

Es klingt nach Klischee, aber Väter spielen tatsächlich anders als Mütter. Wilder, schneller, alberner, unpädagogischer, verrückter. Mit Papa kann man glitschige Regenwürmer fangen, Filmdosen-Raketen starten und komischen Kunststoff aus Milch herstellen. Papa ist auf jeden Fall der bessere Indianer, weil er auf dem Kriegspfad ein amtliches »Attacke« schreit. Und außerdem beherrscht Papa viele Sachen, die Mütter einfach nicht können (oder nicht können wollen): Feuer machen, Fische angeln, Flitzebogen bauen, selbst gemachte Drachen steigen lassen, Münzen wegzaubern und aus alten Tennisschlägern echte Schneeschuhe für die Yeti-Jagd basteln.

Aber da Papas auch nicht alles wissen können, werden in diesem Buch in vier Kapiteln die nötigen Essentials vermittelt: Abenteuer, Expeditionen drinnen und draußen, Experimente und Pausenfüller; außerdem gibt es jede Menge Anregungen, denn auch dem besten Papa gehen mal die Ideen aus. Und da Kinder nach viel Spiel auch viel Hunger haben, gibt es Rezepte für Event-Essen à la Daddy in jedem Kapitel – genau wie eine Bücher- und DVD-Liste übrigens, denn auch dem aktivsten aller Papas sei zwischendurch mal ein Time-out gegönnt.

Zwischen den Kapiteln werden Basics geliefert – ein bisschen von dem Wissen, das Mütter so ansammeln, während die Väter mit den Kindern auf der Jagd nach Abenteuern sind.

Einstiegstest 00

EINSTIEGSTEST

Wie super sind Sie eigentlich als Dad? Im Folgenden geht
es zur Sache: Können Sie Bio-Apfelschnitze richtig verpa-
cken, wissen Sie, welche Schuhgröße Ihr Sohn hat, und
waren Sie schon mal bei einer Ballettaufführung Ihrer Tochter? Oder ist das alles vielleicht gar nicht entscheidend?
Beantworten Sie 9 Fragen – ganz ehrlich, versteht sich –
und erfahren Sie, welchen Papa-Typ Sie verkörpern.

**01. Sonntagnachmittag. Es regnet seit Stunden. Sie sind
im Memory-Vorlese-Dauereinsatz. Gegen 17 Uhr klart es
plötzlich auf. Was tun Sie?**
a) Sie ignorieren das Wetter und gönnen sich eine Pause,
indem Sie die Kinder vor den Fernseher setzen.
b) Sie raffen sich mit letzter Kraft zu einem Spaziergang auf.
c) Sie verteilen Jacken und Gummistiefel und entern den
Spielplatz.

a ☐   b ☐   c ☐

**02. 6 Uhr morgens. Sie werden von einer Kinderhand
geweckt, die ungebremst in Ihrem Gesicht landet.
»Papa! Huhn-Puzzle«, fordert Ihre 2-jährige Tochter
nachdrücklich. Wie verhalten Sie sich?**
a) Sie drehen sich demonstrativ auf die andere Seite und
murmeln: »Frag' Mama, die kann das besser.«
b) Sie appellieren an die Vernunft des Kindes: »Süße,
es ist erst 6 Uhr! Da wird doch noch geschlafen!«
c) Sie puzzeln einmal das Huhn im Halbschlaf und gehen
dann mit Ihrer Tochter Kaffee kochen.

a ☐   b ☐   c ☐

**03. Ihr 4-jähriger Sohn schenkt Ihnen stolz ein selbst
gemaltes Kunstwerk. Was machen Sie damit?**
a) Sie sagen Ihren Standardsatz »Oh, schön gemacht!«,
legen das Bild auf den Tisch und haben es nach 10 Sekunden vergessen.

a ☐   b ☐   c ☐

00 | DER TEST

b) Sie loben die bunten Farben und versprechen einen Ehrenplatz zu suchen, was Sie aber am nächsten Tag nicht mehr in Erinnerung haben.
c) Sie bewundern die Details des Bildes und hängen es gleich gemeinsam mit Ihrem Sohn an die Küchentür.

a ☐   b ☐   c ☐

04. Ihre Frau bittet Sie, noch eine Packung Windeln und neuen Abendbrei für den Kleinen mitzubringen. Können Sie diesen Wunsch erfüllen?
a) Nein, aber wozu haben Sie Ihre Sekretärin?
b) Theoretisch ja, praktisch fällt Ihnen in der Drogerie auf, dass Sie nicht genau wissen, welche Windelgröße Ihr Sohn braucht und welche Sorte Abendbrei er mag.
c) Locker, und Sie bringen noch einen Beißring mit, weil das Baby doch gerade zahnt.

a ☐   b ☐   c ☐

05. Sie sind eine Stunde eher mit der Arbeit fertig. Wie nutzen Sie die gewonnene Zeit?
a) Sie gehen mit der neuen Kollegin einen Kaffee trinken.
b) Sie surfen endlich mal in Ruhe im Internet, weil Sie kürzlich dieses geniale ferngesteuerte Auto in einem Schaufenster gesehen haben.
c) Sie überraschen Ihre Kinder mit einer Extraspielstunde.

a ☐   b ☐   c ☐

06. Der lange geplante Ausflug muss wegen schlechten Wetters abgebrochen werden. Welches Ersatzprogramm haben Sie zu bieten?
a) Kinder müssen lernen, mit Krisen umzugehen, oder? Sie fahren nach Hause und versprechen einen neuen Ausflug am nächsten Wochenende.
b) Ersatzprogramm? Die Ausflugsplanung hat schon Tage gedauert. Sie spielen zu Hause alle zusammen Mensch-ärgere-Dich-nicht.
c) Sie fahren nach Hause – holen die Schwimmsachen und verbringen einen super Nachmittag im Spaßbad.

Einstiegstest 00

07. Sie kommen von einer Dienstreise aus London zurück. Die erste Frage Ihrer 8-jährigen Tochter lautet: »Papa, hast du mir was mitgebracht?« Ihre Antwort?
a) »Nee, du, da gab es echt nichts für Kinder!«
b) »Ja, tolle Smarties aus dem Duty-Free-Shop.«
c) »Och, ich weiß nicht. Guck doch mal im Koffer nach. Vielleicht habe ich ja was gefunden, was bei englischen Kindern gerade gaaanz angesagt ist!«

a ☐ b ☐ c ☐

08. Sie wollen mit Ihrem 3-jährigen Sohn zum Spielplatz. Normalerweise wären Sie in fünf Minuten da, aber der Junge bleibt dauernd stehen, um irgendetwas am Wegesrand zu untersuchen. Wie reagieren Sie?
a) Sie versuchen alle zwei Minuten, den Jungen durch »Komm schon«-Rufe zum Weitergehen zu bewegen und werden zunehmend genervter.
b) Dieses Spazierenstehen ist nichts für Sie, daher nehmen Sie das Kind auf die Schultern und tragen es zum Spielplatz.
c) Ist doch egal, wie lange Sie zum Spielplatz brauchen! Und wenn der Junge sich für tote Hummeln, Ameisen und Zigarettenstummel interessiert, forschen Sie gerne mit.

a ☐ b ☐ c ☐

09. Sie planen einen Nachmittag mit den Kindern am Strand. Was nehmen Sie mit?
a) Die Tasche, die Ihre Frau gepackt hat.
b) Was man am Strand eben braucht: Badehose und Handtuch, vielleicht ein paar Kekse.
c) Badehosen, Handtücher, Sonnenmilch, Sonnenhut, Sonnenschirm, Sandspielzeug, Wasserball, Proviant, Bücher zum Vorlesen, …

a ☐ b ☐ c ☐

AUSWERTUNG
Zählen Sie, was Sie am meisten angekreuzt haben: a, b oder c – das bestimmt Ihren Superdad-Grad.

00 | DER TEST

TYP A

Working Dad oder »Warum kann ich nicht wenigstens sonntags ausschlafen?«

Sie lieben Ihre Kinder, natürlich, und vor allem dann, wenn sie schlafen oder hübsch angezogen sind und von Mami in Schach gehalten werden. Ausflüge machen Sie eigentlich nie ohne Begleitung Ihrer Frau und / oder Mutter, abends kommen Sie meist so nach Hause, dass die cremeglänzenden Kinder Sie im Pyjama empfangen. Dann kriegen sie – na klar – von Daddy noch eine Geschichte vorgelesen und das vage Versprechen, am Wochenende was Schönes zu spielen. Was dann aber meistens doch nicht klappt, weil Sie mit einem Geschäftspartner Golfen gehen müssen und das Auto sich schließlich auch nicht von allein wäscht.

Sie haben es längst geahnt: Kinder zeugen und Kohle ranschaffen reicht nicht für den Titel »Superdad«, also nehmen Sie sich Zeit und dieses Buch, um Ihre Kinder wirklich zu erleben!

TYP B

Azubi-Dad oder »Warum ist das nur alles so kompliziert?«

Sie würden gerne mehr mit Ihren Kindern unternehmen, aber oft wissen Sie einfach nicht, was und wie. Nach etlichen Stunden Büroarbeit fragen Sie sich, welche übernatürlichen Kräfte man braucht, um einen Nachmittag mit einem Kind ohne Langeweile, ohne kleine Katastrophen und vor allem ohne beiderseitige Nervenkrise zu überstehen. Gut gemeint ist mitunter das Gegenteil von gut gemacht – diese Erfahrung mussten auch Sie machen. Aber – keine Sorge: Sie sind auf einem guten Weg und nur noch 160 Buchseiten von einem echten Superdad entfernt!

Abb. Typ

TYP C
Perfect Dad oder »Warum können Männer eigentlich nicht schwanger werden?«

Sie sind der perfekte Vater, und Sie wissen es. Immer die zündende Idee, immer alles dabei, immer hervorragend vorbereitet – und niemals die Geduld verlieren. Chapeau! Wahrscheinlich lesen Sie auch regelmäßig Frauenzeitschriften, und dann wissen Sie, was bei jedem Psychotest an dieser Stelle kommt. Ganz genau: Zu viel Perfektion kann dem Ergebnis schaden. Kinder wollen Väter auch mal scheitern sehen… Aber da dieses Buch schließlich einen Superlativ anstrebt, soll das nur eine kleine Einschränkung sein. Ansonsten gilt: Auch Perfect Dads müssen sich weiterbilden, und deshalb hat dieses Buch Ihnen bestimmt noch das eine oder andere zu bieten!

01 PAPA ALS ABENTEURER

ERFOLGSBAROMETER
Steht dann auf HOCH, wenn…
… Sie abends noch mit »Käpt'n« angesprochen werden, die Kinder freiwillig einen Brief an Oma schreiben (in Geheimschrift!) und ihre geschnitzten Stöcke mit ins Bett nehmen wollen.

GRAD

WETTERABHÄNGIGKEIT
Sehr hoch. Man kann zwar einiges mit wetterfester Kleidung wettmachen, und ein Feuer ist auch bei Minusgraden ein Abenteuer – aber seien wir ehrlich: Der wahre Spaß kommt erst bei Temperaturen über 15 Grad auf.

KREATIVITÄTSFAKTOR
Hoch. Wir liefern die Koordinaten, Superdaddy muss daraus das individuelle Abenteuer erstellen – und mitspielen.

MÄNNLICHES KNOW-HOW
Hoch. Das Jäger-und-Sammler-Gen wird vorausgesetzt; fehlende Grundkenntnisse vom Überleben in der Wildnis können Sie sich allerdings im Folgenden aneignen.

01 PAPA ALS ABENTEURER

⚠️

ACHTUNG

Wenn Sie spontan zu einem Abenteuer aufbrechen, achten Sie darauf, dass Ihr Kind nicht die neueste Hose trägt. Wählen Sie Kleidung, die ruhig Grasflecken und Löcher bekommen darf – und wenn Sie sich unsicher sind, rufen Sie Ihre Frau an! Das gibt Punkte für die Kür (siehe Harmonie, S.114).

ALLE, DIE MIT UNS AUF KAPERFAHRT GEHEN …

Alle Kinder lieben Abenteuer. Sie müssen gar nicht aufwendig sein, wichtig ist vor allem die Verpackung. Erfinden Sie eine verrückte und/oder spannende Geschichte, und schon werden Ihre Kinder zu Piraten, Indianern, Rittern, Entdeckern, Trappern, Gestrandeten, Detektiven, Spionen etc. Natürlich dürfen Sie sich zur Inspiration ein paar DVDs ausleihen. Endlich mal ein Grund, in aller Ruhe »Meuterei auf der Bounty«, »Der Rote Korsar«, Italo-Western, Mantel- und Degenfilme, »Das A-Team« und »MASH« (Folge 1–251) zu gucken … Eine gute Rahmengeschichte entwickelt schnell eine Eigendynamik, und die Kinder spielen ihr Abenteuer allein weiter. Und Sie können vielleicht einen Blick in die heimlich eingesteckte Zeitung werfen. Obwohl Sie bald merken werden: Je mehr Sie selbst in Ihren Vorschlägen und Ideen aufgehen, desto mehr Spaß werden Sie haben. Und nicht dauernd auf die Uhr gucken – es sei denn, es gibt eine Deadline fürs Abendessen oder so …

INDIANERABENTEUER

Wie alle Abenteuer findet auch dieses natürlich am besten draußen statt. Aber falls es Bindfäden regnet, können Sie einige Bastelarbeiten schon mal zu Hause erledigen – um vorbereitet zu sein für die Wildnis. Auch anschleichen kann man übrigens sehr gut in der Wohnung üben. Wer schafft es in die Küche, ohne dass Mama etwas hört? Lassen Sie die kleinen Indianer abwechselnd gebückt, auf Knien oder auf dem Bauch schleichen – wer es schafft, darf zur Belohnung ein lautes Indianergeheul zum Besten geben. Eine gute Methode, um zwischendurch immer mal wieder Ruhe in den aufregenden Tag zu bringen! Draußen wird es dann natürlich schwieriger, sich lautlos zu bewegen.

Indianerabenteuer 01

Kopfschmuck
MATERIAL Pappstreifen ca. 3 cm breit, eine oder mehrere Federn, Stifte, Uhu, Kreppband
ZEITAUFWAND ca. 30 Min.
ALTER ab 4

Für ein zünftiges Indianer-Abenteuer muss erst mal ein Kopfschmuck her. Schneiden Sie den Pappstreifen so zu, dass er einmal um den Kopf des Kindes passt. Dann dürfen die kleinen Indianer kreativ tätig werden und den Pappstreifen mit Mustern bemalen. An den Enden zusammenkleben oder -tackern. Nun müssen die Federn dran: entweder nur eine für hinten oder mehrere für vorne. Profis suchen danach in der Natur (von Möwen, Enten oder sogar Fasanen), aber bevor Sie siffige Taubenfedern aus dem Rinnstein sammeln, sollten Sie vielleicht doch ein Bastelgeschäft aufsuchen. Unmännlich? Kann sein, aber praktisch, denn hier gibt es tolle bunte Federn in 100-er-Packungen für wenig Geld. Die Federn werden innen (nicht außen auf die Verzierung!) in den Pappstreifen geklebt oder ebenfalls getackert. Damit es nicht kratzt und piekt, kann man von innen auch einen Streifen Klebeband dagegen kleben.

Schnitzen
MATERIAL Äste (am besten von der Weide!) mit Rinde, Messer
ZEITAUFWAND 1 Std. bis unendlich
ALTER ab 9

Auch und gerade wenn Sie »nur« mit einem Kind unterwegs sind: Schnitzen ist immer der Hit! Wenn Sie dazu noch ein Taschenmesser verschenken (siehe S. 52), sind Sie schon Superduperdad, bevor das Abenteuer überhaupt losgeht. Was genau Sie schnitzen, bleibt Ihrer Fantasie überlassen. Sie können Äste für das Stockbrot oder die Würstchen

SUPERPAPA
… kann natürlich nicht nur verschiedene Motorengeräusche imitieren, sondern auch eine galoppierende Pferdeherde. Kinder lieben solche Show-Einlagen – je lauter, desto besser. Also geben Sie alles, wenn Sie gemeinsam durch die Prärie reiten …

Indooraktivität

01 PAPA ALS ABENTEURER

(siehe S. 43) anspitzen oder einfach Äste verzieren, indem Sie Muster in die Rinde schnitzen. Am besten eignen sich dafür Weidenstöcke, weil deren Rinde sich leicht abschält. Aus den verzierten Ästen werden zum Beispiel Pfeile für den Flitzebogen.

Flitzebogen
MATERIAL ca. 1 m langer Ast (biegsam), Schnur (am besten aus Nylon), Messer oder kleine Säge, evtl. Perlen, Federn u. Ä. zur Verzierung
ZEITAUFWAND ca. 10 Min., um den Bogen zu spannen – die Verzierung kann sich tagelang hinziehen
ALTER ab 6; aber hier muss Papa entscheidende Handgriffe selbst übernehmen

Indianer brauchen Pfeil und Bogen – lassen Sie sich da bloß nicht auf eine Anti-Waffen-Diskussion mit Ihrer Frau ein. Dass nicht auf Menschen gezielt wird, versteht sich von selbst. In die Enden des Astes müssen kleine Kerben geschnitten oder gesägt werden – am besten von Ihnen, da das für ungeübte Kinderhände etwas knifflig ist. Dann wird die Schnur erst in die eine Kerbe geklemmt und fest verknotet. Nun den Ast biegen und gleichzeitig die Schnur stramm ziehen und am anderen Ende verknoten (die Kinder immer helfen und halten lassen; schließlich wird es ihr Bogen!). That's it.
Eifrige Indianer können jetzt den Flitzebogen nach Belieben verzieren: Der Griff sieht gleich viel authentischer aus, wenn man etwas Klebstoff aufträgt und ihn dann mit einem Band (z. B. Paketschnur) umwickelt. An den Enden des Bogens kann man Federn und/oder auf Bänder aufgefädelte Perlen befestigen. Und auch in den Flitzebogen können die Kinder natürlich kleine Muster ritzen – sehr indianisch! (Diesen Teil am besten später zu Hause/bei Regen erledigen, damit Sie nicht das ganze Bastel-Gedöns mitschleppen müssen.)

Indooraktivität

Indianerabenteuer : 01

Stumpfe Pfeile
MATERIAL Äste, Schnur, Watte o. Ä., kleines Stück Stoff, Federn
ZEITAUFWAND ca. 30 Min. pro Pfeil
ALTER ab 6

Auch wenn nicht auf Menschen gezielt wird, mit stumpfen Pfeilen ist man einfach auf der sicheren Seite. Und diese hier sehen auch noch richtig indianermäßig aus.
Papa ist wieder für die Einkerbung (da wird der Pfeil in die Bogensehne gespannt!) zuständig und schneidet an einem Ende des Astes einen Keil raus. Den Rest schaffen die Kinder mit etwas Hilfe allein: Um die Pfeilspitze wird erst Watte gewickelt, dann der Stoff drumherum mit etwas Schnur festgebunden. Unterhalb der Kerbe am Pfeilende werden

Abb. Pfeil und Bogen
- **01a** Kerbe(n) in Ast schneiden
- **01b** Schnur in erster Kerbe fest verknoten
- **01c** Ast biegen und Schnur in zweiter Kerbe verknoten
- **02a** Kerbe(n) in Ast schneiden
- **02b** Watte und Stoff um Ast-Spitze wickeln
- **02c** Mit Schnur festbinden

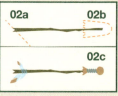

Pfeil

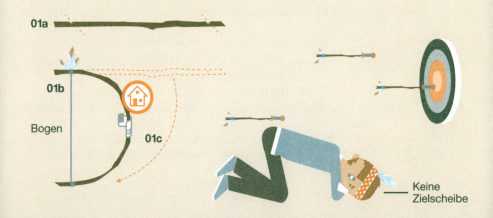

Keine Zielscheibe

01 PAPA ALS ABENTEURER

SUPERPAPA
... hat natürlich immer coole Pflaster für kleine Verletzungen dabei. So ein Heftpflaster z. B. mit Piratenmotiv lenkt auch bei Wunden ohne Blut sofort vom furchtbaren »Aua!« ab.

einige Federn angebunden – Winnetou wäre begeistert! Wenn Ihre Kinder es auch sind, basteln Sie doch gleich mehrere Pfeile – sozusagen als Grundausrüstung. Und dann heißt es: Alle Apachen antreten und um die Wette auf einen Dosenstapel schießen – yippiiieee, das macht so schön Krach und man kann sich fühlen wie Jackie Chan in »Shanghai Kid«.

Pusterohr, Pfeife und Flöte aus Holunderholz
MATERIAL Holunderzweig (etwa 1 cm dick und 15 cm lang), Schnitzmesser
ZEITAUFWAND ca. 30 Min.
ALTER ab 6 (mit Hilfe!)

Aus Holunderzweigen kann man tolle Sachen basteln, denn sie haben ein ganz weiches Mark und lassen sich daher leicht aushöhlen Ein bisschen Geduld braucht man allerdings schon. Am besten geht es, wenn man den Zweig eine Weile »ausklopft«. Leicht auf einen Stein schlagen zum Beispiel, so dass die ganze Länge von allen Seiten abgeklopft ist. So löst sich das Mark und kann dann mit einem dünneren, festen Stock rausgestochert werden. Der Holunderzweig wird so schnell zu einem Pusterohr – und die Beeren dienen als Munition. Wer pustet sie am weitesten?
Für eine Pfeife oder Flöte muss Papa beim Schnitzen helfen. In den ausgehöhlten Zweig wird vorne eine Kerbe geschnitten (etwa 1,5 cm vom Rand entfernt; siehe Abb.). Dann brauchen Sie einen zweiten Stock, der so dick ist, dass er möglichst genau in das Holunder»rohr« hineinpasst. Von diesem Stock schneiden Sie ein etwa 1,5 cm langes Stück ab, halbieren es längs und stopfen es vorne in den hohlen Zweig. Nun haben Sie eine Pfeife. Wenn Sie noch ein paar Löcher in den Zweig schnitzen, ist es eine super Holunderflöte – aber das Spielen darauf will natürlich gelernt sein. Richten Sie sich auf einige schräge Töne ein!

Indianerabenteuer | 01

Abb. Apachen-Pusterohr
01 Holundermark mit kleinem Zweig aushöhlen –
    Pusterohr fertig!
02 Gute Pustetechnik anwenden

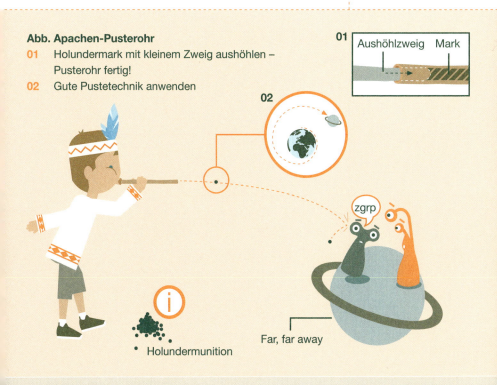

Abb. Cherokee-Pfeife
02a Holundermark aushöhlen (s. o.)
    und Kerbe einschnitzen
02b Extrastück in Zweig stopfen

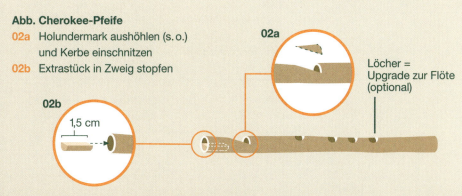

 Ein Holu-was? Holunder (auch Fliederbeere genannt) hat nichts mit dem Holo-Deck der Enterprise zu tun, sondern ist eine Pflanze. Falls Sie nicht wissen, wie ein Holunderbusch aussieht, konsultieren Sie vertrauensvoll die Topsache auf S. 59.

01 PAPA ALS ABENTEURER

Weiden-Wigwam
MATERIAL mind. 20 Weidenäste (1,80–2 m lang), Kordel
ZEITAUFWAND ca. 2 Std.
ALTER ab 5, nur mit Papas Hilfe

Ein Wigwam ist für alle kleinen Indianer der Knaller. Bezahlbare Wigwams gibt es im Spielzeuggeschäft (ja, genau die, die Sie früher immer so gern gehabt hätten!) – sie haben den Vorteil, dass man sie z. B. mit in den Wald nehmen und dort schnell auf- und wieder abbauen kann.
Aber wenn ein Garten zur Verfügung steht (kann ja auch bei Oma oder Onkel sein), sollte sich Superdad nicht die Gelegenheit entgehen lassen, mit den Kindern einen Weiden-Wigwam zu bauen.
Das geht allerdings nur im Frühling, wenn die Weidenbäume beschnitten werden. Sie brauchen nämlich mindestens 20 möglichst frisch geschnittene Weidenäste. (Wenn Sie keine eigene Weide im Garten stehen haben, fragen Sie bei Gärtnereien, Baumschulen, beim Forstamt oder schlicht bei den Nachbarn.) Diese stecken Sie in einem Kreis in den Boden (einen Eingang frei lassen!), leicht schräg, so dass die Enden oben zusammenkommen. Für einen besseren Halt werden sie noch mit einer Kordel zusammengebunden: fertig. Jetzt heißt es warten – bis die Äste Wurzeln schlagen und kleine Zweige und Blätter wachsen. Dann ist es irgendwann (nach Wochen oder Monaten) wirklich ein Zelt.
Da Kinder aber niemals so viel Geduld haben, sollten sie jetzt aktiv werden und im Wald viele, viele kleine Zweige und dünne Äste – am besten mit Blättern dran – sammeln. Diese können die Kinder mit etwas Hilfe in das Weidengerüst einflechten. So wird es ein zünftiger Wigwam, bevor der Winter einzieht!

INFORMATION
Unter www.praxis-jugendarbeit.de / spielesammlung.html finden Sie reichlich Spiel- und Basteltipps zu Themen wie Indianer, Piraten, Ritter etc.

Indianerabenteuer 01

Abb. Die neun schönsten Indianerhandzeichen

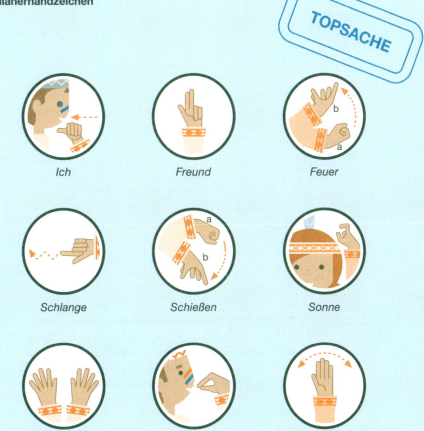

Profipapas denken sich mit den Kindern natürlich besondere Indianernamen aus (Goldene Sonne, Springendes Reh, Jagender Büffel, Leuchtender Pfeil) und entwickeln entsprechende individuelle Handzeichen dazu.

01 **PAPA ALS ABENTEURER**

Winteraktivität

Iglu
MATERIAL viel Schnee, Säge, Schneeschaufel
ZEITAUFWAND schon eher mehrere Stunden
ALTER ab 6

Auch im Winter braucht der Abenteurer eine Behausung – und wenn genug Schnee fällt, sollten Sie auf jeden Fall die Chance nutzen und mit Ihren Kindern ein Iglu bauen. Dazu muss zuerst die Grundfläche markiert werden: ein Kreis von 2–3 m Durchmesser. Dann werden die Ziegel hergestellt. Dafür braucht man einen festen Schneehaufen, aus dem man tatsächlich mit einer Säge Quader heraussägt. Einen Ring um den markierten Kreis legen und dabei den Auslass für den Eingang nicht vergessen!
Für die weiteren Schichten sollten die Ziegel etwas angeschrägt werden, damit das Iglu allmählich seine kugelige Form bekommt. Wichtig: Alle Zwischenräume müssen mit Schnee »verfugt« werden, damit die Chose auch hält. Zum Schluss einen halbrunden Deckel aus Schnee formen. Vor den Eingang eine Decke hängen – und schnell werden die kleinen Inuit mit Begeisterung feststellen, dass es im Iglu tatsächlich wärmer ist als draußen!

Winteraktivität

Eislaterne
MATERIAL Eimer, Wasser, Kerze
ZEITAUFWAND je nach Minusgraden
ALTER ab 4 (Kerzen werden natürlich nur mit Papas Hilfe angezündet)

Beleuchtung für das Iglu gesucht? Da haben die Skandinavier eine tolle Methode, um ungewöhnliche Lampen ganz einfach herzustellen: Einen Eimer mit Wasser füllen und nach draußen stellen. Wie lange er da stehen muss (einige Stunden oder über Nacht), kommt auf die Größe des Eimers und die Außentemperatur an. Das Wasser im Eimer

Indianerabenteuer | 01

soll gefrieren, aber nur an der Wand des Eimers und an der Oberfläche. Dann etwas antauen lassen (drinnen) und umkippen (draußen!). Es ist ein Gefäß aus Eis entstanden (siehe Abb.), in das man eine Kerze stellen kann, die durch die Eiswände vor dem Wind geschützt ist und ein ganz besonderes Licht verbreitet – egal ob vor dem Iglu, vor der Haustür oder auf dem Balkon.

Noch einfacher geht's mit »Schneelichtern«: Schneebälle in unterschiedlicher Größe formen, eine Mulde für ein Teelicht reindrücken und dekorativ im Garten oder um das Iglu verteilen. Teelichter anzünden – fertig ist eine spektakulär-romantische Außenbeleuchtung.

Abb. Eislaterne
- **01a** Wasser gefrieren lassen
- **01b** Eisstück aus Eimer kippen
- **01c** Restwasser auskippen
- **01d** Um 180° drehen
- **01e** Kerze einsetzen

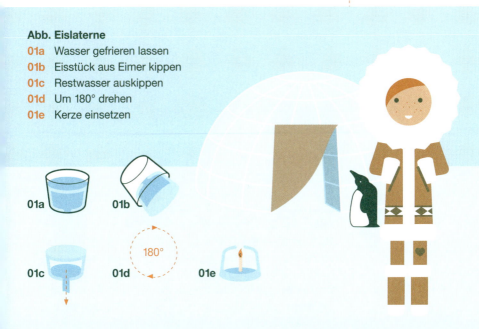

 Eskimos (= Rohfleischesser) nennen sich selbst Inuit (= Mensch). Ihre Sprache heißt Inuktitut. Ein paar Vokabeln: Iglu = Wohnung, Anorak = wetterfeste Jacke, Kajak = Einmannboot, Nanuk = Eisbär, Naja = kleine Schwester.

01 PAPA ALS ABENTEURER

PIRATEN AUF KAPERFAHRT

Ahoi! Auch wenn viele Mütter lieber eine Friedenstaube hissen würden, Kinder finden den grausamen Totenkopf auf schwarzem Grund großartig. Und sie lieben es, gefährlich auszusehen und gruselige Geschichten zu hören. Glücklicherweise trotzt der Piratentrend seit Jahrzehnten allen pädagogischen Diskussionen; inzwischen gelten Piraten sogar bei den Müttern als süß – und den Totenkopf gibt es sogar in rosa und/oder mit Glitzersteinen. Trotzdem kennen Papas natürlich die besten Piratenabenteuer. Und bestimmt kennen Sie auch die besten Piratenflüche. Bitte schön, Nonsens-Talent ist gefragt. Denken Sie sich ein paar jugendfreie Flüche aus (Schleimpropeller-Wurmgesicht etc.) – Ihre Kinder werden schreien vor Lachen und schnell mitfluchen. Und dann Leinen los für große und kleine Seeräuber auf Kaperfahrt!

Piratentuch
MATERIAL dreieckiges Stück Stoff (ca. 50–70 cm an der langen Seite, je nach Größe des Kinderkopfes), Farbe in Schwarz oder Weiß (Plaka, Fingerfarbe, ein Rest Wandfarbe oder idealerweise Stofffarbe), Malkittel!
ZEITAUFWAND ca. 15 Min.
ALTER ab 5

Markieren Sie für das Kind den Bereich, der später über der Stirn zu sehen ist. Dort kann es einen Totenkopf auf das Tuch malen. Für sehr kleine Kinder können Sie die Umrisse vorzeichnen (Muster siehe Anhang). Trocknen lassen, umbinden – sieht gefährlich gut aus. Plaka-, Wandfarbe u. Ä. lässt sich leicht verarbeiten, bröckelt aber nach dem Trocknen etwas ab. Absolut ausreichend für Eintagespiraten, aber wenn das Kopftuch zur Dauerausrüstung gehören soll, empfiehlt es sich, die Aktion mit richtigen Stofffarben durchzuführen.

Indooraktivität

ACHTUNG
Vorher unbedingt Malkittel oder altes Hemd überziehen, sonst gibt es große Abzüge in der B-Note (siehe Harmonie *S. 114)!*

Piraten auf Kaperfahrt | 01

Auf dieselbe Weise können Sie auch eine tolle Piratenflagge bemalen, die später am Strand oder auf der Wiese gehisst wird: An den Ecken Löcher reinschneiden, mit Bindfäden versehen und an einem geeigneten Baum o. Ä. festbinden – macht was her und zieht bestimmt viele Kinder an. Vielleicht haben Sie am Ende des Tages eine Mannschaft zusammen!

Kapitänshut
MATERIAL schwarzes Tonpapier Din A2, weiße Pastellkreide
ZEITAUFWAND 10 Min.
ALTER ab 4

Indooraktivität

Superleicht, aber eindrucksvoll im Ergebnis. Aus dem Papier einen Hut falten (siehe Anhang) und einen Totenkopf und / oder andere gefährliche Dinge drauf malen – fertig.

Säbel
MATERIAL Sperrholz (ca. 60 x 14 cm, 3 mm dick), Laubsäge, Schleifpapier, Kordel, Holzleim, Farben zum Bemalen
ZEITAUFWAND ca. 1 Std.
ALTER ab 4 (wenn Papa sägt, sonst ab 8)

Was dem Indianer der Flitzebogen, ist dem Piraten der Säbel. Und mit einem selbst gemachten Holzsäbel werden Sie jedes Kind, egal ob Junge oder Mädchen, glücklich machen! Zeichnen Sie den Umriss (Muster für Ungeübte zum Hochkopieren siehe Anhang) auf das Holzstück und sägen Sie es aus. Ältere Kinder (etwa ab 8) können unter Aufsicht auch schon selbst zur Säge greifen, das steigert den Piratenstolz. Nach dem Sägen müssen die Kanten mit Schleifpapier geglättet werden. Da können auch die Kleineren mithelfen (aufpassen, dass sie sich keinen Splitter in die Hand reißen!) – allerdings werden sie recht bald die Lust verlieren, so dass Superdad allein dafür sorgen muss,

01 PAPA ALS ABENTEURER

dass alle Kanten schön glatt und splitterfrei sind. Dann kann der Griff mit Kordel umwickelt (erst mit Kleber einstreichen, dann hält's besser) und der ganze Säbel angemalt werden. Sie können den »Rohling« auch ganz und gar selbst herstellen, in eine Tüte packen und als Schatz verstecken (siehe S. 32). XXL-Jubel garantiert – und die Verzierungen können die Kinder dann später zu Hause nachholen.

Etwas begradigt wird aus dem Säbel übrigens ein super Schwert für kleine Ritter, und die erleben schließlich auch gerne Abenteuer.

Stelzen bauen

MATERIAL 2 Vierkanthölzer (3 x 3 cm stark, ungefähr so lang, wie Ihr Kind groß ist), 2 Holzbretter (ca. 11 x 15 cm, 3 cm dick), 4 Schrauben (4,5 x 80 mm), Bohrmaschine mit 4er Bohrer
ODER 2 leere Konservendosen, Schnur
ZEITAUFWAND 1 Std.
ALTER ab 4 (Büchsenstelzen) bzw. ab 6 (»echte« Stelzen)

Jeder gefährliche Pirat, der was auf sich hält, hat ein Holzbein – denken Sie nur an Long John Silver. Daraus lässt sich eine tolle Abenteuergeschichte spinnen, und als Krönung bekommen die Kinder nicht ein, sondern zwei Holzbeine: Stelzen! Ein Bauklassiker für alle Papas und so einfach: In Kniehöhe des Kindes je zwei Löcher durch das Kantholz bohren. Die Bretter unten leicht schräg ansägen, etwa 2 cm tief vorbohren und an die Vierkanthölzer schrauben.

Für eine einfache Variante, mit der auch schon kleinere Kinder herumstelzen können, bohren Sie einfach je 2 Löcher in 2 Konservendosen und binden daran eine Schnur in einer großen Schlaufe fest (so lang, dass sie dem Kind bis knapp unter die Hüfte reicht). Für eine Runde Extraspaß kann Superdad eine Strecke festlegen, die mit den Stelzen bewäl-

Piraten auf Kaperfahrt | 01

tigt werden muss – mit einigen Hindernissen (entsprechend dem Alter und der Geschicklichkeit der Kinder): Slalom, kleine Kiste, kleiner Hügel.

Kleines Boot / Floß

MATERIAL alles, was schwimmt (Holz, Styropor, Korken, Baumrinden) und alles, was den Schwimmkörper schöner macht (kleine Äste, Papier, Stofffetzen, Nägel, Schnur, Kleber, dicke Filzstifte oder Plakafarbe)
ZEITAUFWAND je nach Enthusiasmus der Bastler 1–2 Std.
ALTER ab 4

Brauchen Sie wirklich eine Anleitung, um ein Boot zu bauen? Wenn Sie mal wieder in einem langweiligen Meeting sitzen, stellen Sie doch ein paar Überlegungen jenseits der TOPs an: Wie könnte man aus diesem Styropor-Kaffeebecher ein Boot basteln? Durchschneiden, dann ein Strohhalm als Mast… Entwerfen Sie eine kleine Fahne und überreichen Sie Ihrem Kind am Abend ein besonderes Büro-Mitbringsel – und das Versprechen, am Wochenende im Stadtpark eine Flotte zu Wasser zu lassen. Bis dahin sammeln Sie Korken. Aneinandergeklebt, mit einem kleinen Stock als Mast und selbst bemalter Piratenflagge gibt das ein 1a-Seeräuberfloß.
Größere Kinder hämmern rundum Nägel in ein Stück Holz und verbinden diese mit einer dünnen Kordel. Macht Spaß und ergibt eine super Reling. Vielleicht noch ein kleiner Holzklotz als Kajüte und wer will, malt es an.

ACHTUNG

Damit das Boot nicht gleich der Strömung zum Opfer fällt, sollte man eine kleine Öse und ein Band zum Vertäuen oder Durch-den-Bach-Ziehen anbringen.

01 PAPA ALS ABENTEURER

Schatzsuche

MATERIAL Holzkiste mit Deckel (z. B. aus einem Weingeschäft), selbst gemalte Schatzkarte, Sägespäne, Kreide u. Ä., evtl. Spaten, Schatz (Kaubonbon-Goldtaler, für Mädchen bunte Ketten, für Jungen kleine Kompasse u. Ä.)
ZEITAUFWAND 10–30 Min. (je nachdem wie »gut« der Schatz versteckt ist …)
ALTER ab 4

Hier ist schon zur Vorbereitung jede Menge Papa-Einsatz gefragt (etwas Erleichterung – aber weniger Spaß – bringt es, wenn Sie den Einkauf des »Schatzes« Ihrer Frau überlassen). Zuerst müssen Sie überlegen, wo Sie den Schatz verstecken und wie Sie den Weg markieren wollen. 4-Jährige können meist noch keine Pfeile geschweige denn eine Schatzkarte interpretieren. Für sie eignen sich einfache Häufchen aus Sägemehl oder (für Stadtpiraten) große bunte Zettel, die an Bäume, Fahrradständer etc. gebunden werden. Für größere Kinder können Sie Pfeile auf den Boden malen und sich auch Symbole für Sackgassen u. Ä. überlegen. 8-Jährige werden wahrscheinlich schon mit einer Schatzkarte zurechtkommen, aber machen Sie den Weg nicht zu kompliziert (einfache Zeichnungen wieder erkennbarer Wegmerkmale, z. B. Leuchtturm, Baumstumpf, Bach, und die Entfernungsangaben immer in Schritten!).
Am aufregendsten ist es natürlich, wenn der Schatz vergraben wird, am Strand, im eigenen Garten oder auch auf dem Spielplatz (vielleicht eine Wache einteilen …). Im Wald verbergen Sie ihn unter Laub, Zweigen oder loser Erde. Und vergessen Sie nicht, sich eine haarsträubende Geschichte auszudenken, wer den Schatz warum versteckt hat!
Winterpiraten können natürlich auch eine Schatzsuche veranstalten. Superdad sprüht z. B. eine Spur in den Schnee (Wasser mit Wasserfarbe färben, in Sprühflasche füllen). Die Kinder bekommen Schaufeln in die Hand – und los geht's.

ACHTUNG
Verstecken Sie den Schatz so, dass Sie ihn wieder finden! Vergraben Sie ihn nicht so tief, dass die Kinder stundenlang graben müssen! Für kleinere Kinder ein leichtes Versteck suchen!

Winteraktivität

Piraten auf Kaperfahrt | 01

Abb. Die drei wichtigsten Seemannsknoten
01 Palstek
02 Kreuzknoten
03 Flaschenknoten

01a · 01b · 01c · 01d

Der Palstek (Pfahlknoten) öffnet sich nicht von selbst, kann aber von Menschenhand leicht geöffnet werden. Optimal z. B., um ein Seil über einen Poller zu werfen.

02

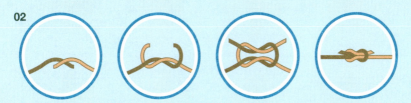

Der Kreuzknoten ist sehr praktisch, um zwei Seile zu verbinden. Sie müssten idealerweise gleich dick sein.

03

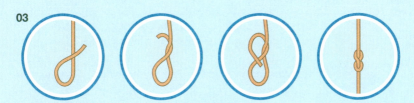

Der Flaschenknoten wird auch Strickleiterknoten genannt, weil er nämlich perfekt geeignet ist, um die Sprossen einer solchen zu befestigen (siehe S. 36).

Eselsbrücke: Aus einem Brunnen (01a) kommt eine Schlange und windet sich um einen Baum (01b). Dann kehrt die Schlange in den Brunnen zurück (01c). Mehr Knoten unter **www.seemannsknoten.de** (mit Schritt-für-Schritt-Animation!) oder **www.knotentraining.de**.

01 PAPA ALS ABENTEURER

Schatzsuche Extraklasse (Geocaching)
MATERIAL GPS-Gerät, ein kleiner Schatz in einer verschließbaren Plastiktüte
ZEITAUFWAND sehr unterschiedlich
ALTER ab 6, besser ab 8

Geocaching ist ein großer Spaß für Papas und Kinder. Wie das genau funktioniert, müssen Sie bitte im Internet nachlesen, zum Beispiel unter www.geocaching.de. Zum Verständnis nur so viel: Geocacher verstecken irgendwo eine Kiste mit einem kleinen Schatz (Gummibärchen, Pixibücher u. Ä.) und einem Logbuch. Im Internet veröffentlichen Sie dann die geografischen Koordinaten, damit andere den Schatz finden können. Denn gibt man diese in ein GPS-Gerät ein, wird man sozusagen dorthin geführt. Die erfolgreichen Schatzsucher dürfen den Schatz mitnehmen und sich ins Logbuch eintragen, müssen aber einen neuen Schatz für die nächsten Geocacher in der Kiste deponieren (und das Logbuch natürlich wieder zurücklegen).
Es gibt unterschiedliche Arten von »Caches«: Manchmal führen die Koordinaten direkt zum Versteck (aber auch dann muss man oft lange nach der ominösen Kiste suchen!); manchmal muss man mehrere Stationen absolvieren – oder die »Caches« sind mit kleinen Rätseln verbunden und nur durch Knobelei zu knacken. Letzteres ist natürlich besonders lustig. In jedem Fall ist Geocaching eine großartige Methode, um auch lauffaule Kinder zu einer längeren Wanderung zu bewegen! Natürlich gibt es spezielle »Caches« für Kinder, oft auch von Kindern gestaltet. Und an Regentagen können Sie mit Ihren Kindern ja auch mal ein solches Versteck austüfteln – das macht bestimmt genauso viel Spaß wie das Suchen. (Und für Papa beginnt der Spaß natürlich viel früher: mit dem Kauf eines GPS-Gerätes. So eins wollten Sie doch schon lange haben, oder???)

Indooraktivität

Robinsonade | 01

ROBINSONADE

Auch wenn das Buch von Daniel Defoe eher was für Jugendliche ab 12 ist – das Spiel »Wir sind auf einer einsamen Insel gestrandet« lieben alle Kinder. Die »Insel« kann ein Strand sein, mit etwas Fantasie kann es aber auch ein Waldstück, der eigene Garten oder der Spielplatz sein. Wichtig ist wieder die Geschichte drumrum. Alles, was Sie basteln, spielen, essen, wird in eine abenteuerliche Robinsonade eingewoben. Und immer wenn Unruhe aufkommt, weil die Fahrt zum Strand zu lange dauert, der Weg an den Fluss zu weit ist, die Würstchen immer noch nicht fertig sind – dann bringen Sie Ihren Kindern die wichtigsten Begriffe aus der Seemannssprache bei (backbord, steuerbord, kielholen, kalfatern, Luv, Lee, Takelage, anheuern, Bark, Seemeile). Recherchieren Sie vorher ein bisschen im Internet; Ihre Sprösslinge werden beeindruckt sein!

Einfaches Zelt

MATERIAL Seil, Decke, Steine
ZEITAUFWAND ca. 15 Min.
ALTER ab 4

Die Nacht bricht an, und noch ist kein Schiff gekommen, um die kleinen Robinsons und Freitags zu retten. Eine Behausung muss her, als Schutz gegen wilde Tiere und fiese Krabbelviecher. Bauen Sie ein ganz einfaches Zelt, indem Sie ein Seil zwischen zwei Bäume spannen, eine Decke darüber legen, diese unten zeltartig auseinanderziehen und an beiden Seiten mit Steinen beschweren.
Wenn Sie in einer baumfreien Gegend spielen, nehmen Sie einfach eine »Strandmuschel« mit. Optisch nicht so überzeugend, bietet aber dennoch Rückzugsmöglichkeit vor Feinden. Am allerbesten wäre es natürlich, wenn Sie mit den Kindern ein Baumhaus bauen würden. Aber dazu brau-

01 PAPA ALS ABENTEURER

chen Sie nicht nur viel, viel Zeit und Muße und Enthusiasmus (das haben Sie ja alles!), sondern auch einen eigenen Garten und darin eine perfekte Baumgruppe oder mindestens zwei in perfektem Abstand zueinanderstehende, genau richtig große Bäume. Wenn Sie so etwas Ihr Eigen nennen: BAUEN SIE EIN BAUMHAUS.

Strickleiter bauen

MATERIAL gesammelte Äste (etwa 40 cm lang und 3 cm dick) bzw. entsprechende Rundhölzer aus dem Baumarkt, 2 Seile à 2 m Länge
ZEITAUFWAND ca. 1 Std
ALTER ab 6

Strickleitern kann man immer gebrauchen – fragen Sie James Bond, das A-Team, Rambo, Tarzan. Wenn da nicht im richtigen Moment eine Strickleiter rumgehangen hätte … Für Superdad ist es natürlich ein Klacks, eine Strickleiter selbst zu bauen: An die Enden der Äste wird im Abstand von etwa 30 cm das Seil geknotet – am besten mit dem Flaschenknoten (siehe S. 33), der deshalb auch Strickleiterknoten genannt wird. Trittfestigkeit unbedingt überprüfen! Für eine 1,50 m lange Strickleiter braucht man auf beiden Seiten jeweils ca. 2 m Seil.

Feuer machen

MATERIAL Korb, gesammelte Äste, Zweige, Rinde, Späne, Reisig, Tannenzapfen, Feuerzeug / Streichhölzer, evtl. Lupe
ZEITAUFWAND ca. 30 Min.
ALTER ab 4 (jedenfalls zum Zugucken)

Was wäre Robinson ohne ein anständiges Lagerfeuer??? Schicken Sie die Kinder auf Sammeltour. Zunächst sollen sie Steine suchen, die in einen Kreis gelegt werden – als äußeren Ring um das Feuer; das hat schon Freitag

ACHTUNG

Beim Hantieren mit Feuer ist natürlich äußerste Vorsicht geboten! Je jünger die Kinder sind, desto besser muss man sie im Blick haben!

Robinsonade 01

so gemacht wegen der Sicherheit. Dann wird das Holz gesammelt und sortiert: Auf einen Haufen kommt das leicht brennbare Material zum Anfeuern. Auf den anderen Haufen kommen die dicken Äste – Profis unterteilen nach Laubbaum- und Nadelbaumholz. Ersteres brennt länger, Letzteres brennt schneller und versprüht Funken. Das kann abends besonders gemütlich sein, man muss aber auch besser aufpassen.

Nun wird das leicht brennbare Holz luftig in den Steinkreis geschichtet. Für kleinere Kinder zündet natürlich Papa das Feuer an, aber 8-Jährige dürfen schon selbst unter Anleitung das Streichholz an einen besonders dünnen Zweig halten. Wenn das Feuer ordentlich brennt, wird dickeres Holz nachgelegt. Auch das sollten ältere Kindern ruhig mal selbst machen dürfen.

Wenn Sie das Feuer nicht auf Ihrem Grundstück machen, erkundigen Sie sich unbedingt, ob es erlaubt ist! Und stellen Sie einen Eimer Wasser in Reichweite – für den Notfall und um ihn am Ende über die letzte Glut zu schütten.

SUPERPAPA

… weiß natürlich, wie man ein Feuer mit einer Lupe anzündet (Sonnenstrahlen auf das dünne Reisig lenken!). Wenn Sie sehr geduldige Kinder dabeihaben, können Sie diesen Trick vorführen und gleich mal erklären, dass es sich hier um gebündelte Energie handelt, die so viel Hitze erzeugt, dass das Holz zu brennen anfängt.

Schleuder

MATERIAL ein Ast mit Gabelung (Y), Haushaltsgummiband 5 mm breit oder (für die Profi-Version) Teil eines Fahrradschlauchs (60 x 1 cm), evtl. ein Stück Leder, Schnitzmesser
ZEITAUFWAND ca. 30 Min.
ALTER ab 6 (mit Hilfe!)

Ja, es ist eine Waffe, aber Sie schießen damit keine Tauben ab, versprochen? Erzählen Sie Ihren Kindern ruhig, wozu die Menschen früher eine Schleuder benutzt haben. Vielleicht lesen Sie ja gemeinsam »Ritter Trenk« (siehe S. 48) – da spielt eine Erbsenschleuder eine entscheidende (aber natürlich unblutige) Rolle. Erzählen Sie auch, dass der echte Robinson froh gewesen wäre, wenn er eine solche Waffe gehabt hätte, um ein paar Urwaldhühner abzuschießen (das

01 PAPA ALS ABENTEURER

wird ein großes Hallo geben). Aber eine Spielschleuder darf selbstverständlich nur benutzt werden, wenn Sie sichergestellt haben, dass niemand im Weg steht. Und dann machen Sie die Zwerge glücklich und helfen ihnen, so ein Teil zu bauen, das man sich später unheimlich cool in den Gürtel stecken kann!

Suchen Sie einen Y-förmigen Ast. An die Enden der Gabelung wird jeweils eine Kerbe geschnitzt, damit das dort zu befestigende Gummi auch gut hält. Viele empfehlen Einweggummis – allerdings sind diese meist zu steif. Für kleine Kinder reicht es, einfach ein 5 mm breites Haushaltsgummi festzubinden – fertig. Perfektionisten schneiden ein etwa 60 cm langes und 1 cm breites Stück aus einem alten Fahrradschlauch. Absolute Superdads besorgen jetzt noch ein 7 x 3 cm großes Stück Leder. Links und rechts kommt je ein Loch rein. Das Gummi wird in der Mitte geteilt, und das Lederstück wird an beiden Enden festgebunden. So kann man das Wurfgeschoss besser fixieren.

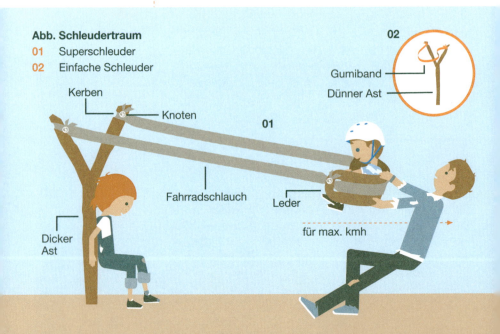

Abb. Schleudertraum
01 Superschleuder
02 Einfache Schleuder

Robinsonade 01

Flaschenpost

MATERIAL kleine durchsichtige Plastikflasche mit Deckel, Papier, Stifte, kleine lustige Dinge, die in die Flasche passen
ZEITAUFWAND ca. 30 Min.
ALTER ab 5

Es ist zwar ganz schön auf der einsamen Insel, aber irgendwann wollen Sie ja wieder weg. Und wer soll Sie retten, wenn niemand von Ihrem Schicksal weiß? Deshalb müssen Sie dringend eine Flaschenpost abschicken!
Kleine Kinder bemalen das Blatt und schreiben vielleicht ihren Namen drauf. Bei der Adresse und einem kurzen Text hilft Papa. Größere können sich eine richtige Geschichte ausdenken und aufschreiben. Damit die Flasche auch auffällt, bekommt sie noch bunten Inhalt. Kleine Muscheln, Murmeln, Glassteine, vielleicht ein Bonbon für den Finder, Federn etc. – alles, was durch die Öffnung passt und irgendwie hübsch aussieht, kann mit rein. Und weg damit: In den Fluss wirft man die Flaschenpost am besten von einer Brücke, am Strand oder am See von einem Steg o. Ä. Ganz engagierte Papas laden die Kinder zu einer Bootspartie ein, wobei die Flasche mit Schwung über Bord geworfen werden kann. Mal sehen, ob jemand antwortet! Übrigens auch eine schöne Aktion für jeden Kindergeburtstag.

Einfache Sonnenuhr bauen

MATERIAL ein Stock von etwa 1 m Länge, 12 Steine, Edding o. Ä., evtl. Schnur
ZEITAUFWAND ca. 10 Min.
ALTER ab etwa 5 (macht erst Sinn, wenn das Kind eine Vorstellung von Zeit hat)

Steine mit Zahlen von 1 bis 12 beschriften, Stock in den Boden stecken. Zu jeder vollen Stunde legt man den entsprechenden Stein ans Ende des Schattens, den der Stock

SUPERPAPA

… hat natürlich ein Schiffequartett dabei. Sie erinnern sich doch an Autoquartett, von wegen »8 Zylinder sticht«? So etwas gibt es auch für Schiffe. Kaufen, freuen und mit den Kindern am Strand spielen!

01 PAPA ALS ABENTEURER

wirft. Steckt der Stock im Sand, zieht man jeweils eine Rille in den Sand – vom Stock zum Stein. Wird die Sonnenuhr im Garten auf dem Rasen »eingerichtet«, kann man eine Schnur zu den Steinen spannen.
So können die Kinder beobachten, dass der Schatten mittags am kürzesten ist. Der 12-Uhr-Schatten zeigt auch genau nach Süden – so hat man mit der Sonnenuhr auch gleich einen Kompass! Bei JAKO-O gibt es übrigens eine tolle Taschensonnenuhr für etwa 4 Euro. Praktisch!

Echtes Floß

MATERIAL Euro- bzw. Einwegpalette, 4–6 leere Plastikkanister (à 20 l) mit Verschluss, 10 m Montage-Lochband (alternativ: Seil), etwa 100 Nägel (3,5 x 30 mm) oder entsprechende Schrauben, Hammer (oder Akkuschrauber)
ZEITAUFWAND je nach Perfektion 3 Std. bis mehrere Tage
ALTER 6-Jährige können schon helfen, ansonsten ist hier Superdad persönlich im Superdauereinsatz

Bis jetzt ist kein Flugzeug vorbeigekommen, um für die Gestrandeten ein See-Luft-Rettungsfloß abzuwerfen – so wie im legendären Bond-Film »Feuerball«? Dann sind jetzt Ihre »Q«-Erfindungstalente gefragt: Sie müssen selbst ein Floß bauen! Das ist natürlich eine Aufgabe für echte Superdads – aber wenn Sie bereit sind, vorher ein bisschen Zeit mit der Materialbeschaffung zu verbringen, ist es gar nicht so schwer. Die ungebremste Bewunderung aller mitmachenden Kinder ist Ihnen jedenfalls sicher!
Für die einfachste Floßbau-Methode brauchen Sie eine Europalette und 4 bis 6 (je nach Gewicht der reisenden Kinder) leere Plastikkanister. Wenn Sie nicht irgendwo eine alte Europalette auftreiben können, fragen Sie im Baumarkt oder bei einem großen Möbelladen nach einer Einweg- oder Multipalette (die bekommen Sie dann bestimmt geschenkt). Was die Plastikkanister angeht: Da müssen Sie wahrschein-

Robinsonade | 01

Abb. Floß bauen

01 Plastikkanister an Europalette befestigen
02 Floß um 180° drehen und »schmücken« (optional)

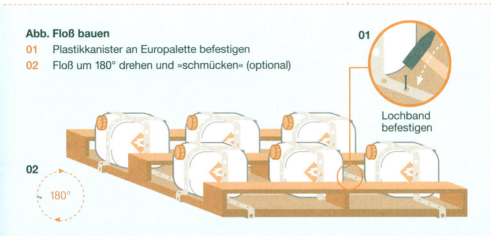

Lochband befestigen

Abb. Land in Sicht

Luv/Lee
Rahsegel
Steuerbord
Kajüte
Backbord

Eselsbrücken: Luv ist voll, Lee ist leer von Luft. Kotzt du nach Luv, kommt's wieder ruf, kotzt du nach Lee, geht's in die See. Lee tut weh (gilt für Segler, Paraglider, etc.).

01 PAPA ALS ABENTEURER

lich im Internet recherchieren. U. a. bei eBay kann man solche Kanister kaufen, aber vielleicht finden Sie z. B. eine Großküche, wo man Ihnen vier Kanister schenkt!

Die Kanister werden dann mit Lochband und Nägeln unter der Europalette befestigt. Das war's eigentlich schon. Jetzt können Sie natürlich noch einen Besenstiel als Mast anbringen, ein altes Bettlaken bemalen und als Segel hissen, einen Karton als Kajüte aufstellen etc., ein Steuerrad aus einem alten Fahrrad-Laufrad bauen (obwohl Flöße natürlich kein Steuerrad haben, klar, aber so macht Steuern eben Spaß!). Und wenn Sie nur eine Garten-Robinsonade spielen, dann lassen Sie einfach die Kanister weg und bauen ein Floß mit Reling und allem Schnickschnack, das in der Fantasie übers Wasser schippert!

Kokosnuss schlachten
MATERIAL Kokosnuss, Hammer, Handbohrer
ZEITAUFWAND 10 Min.
ALTER ab 4

Um überhaupt überleben zu können, brauchen Robinson & Co. natürlich Kokosnüsse. Die erntet Papa im Supermarkt und zelebriert mit den Kindern dann das Öffnen dieser exotischen Teile. Mit einem Handbohrer zwei bis drei Löcher in die weichen Mulden oben bohren und die Kokosmilch in einen Becher gießen. Dann die Kokosnuss in der Mitte einmal rundum mit einem Hammer anschlagen (damit bereitet man einen möglichst geraden Bruch vor). Und dann das Beste: Von möglichst weit oben auf einen harten Untergrund werfen. Ein Riesenspaß! Und dazu gibt eine Geschichte von armen gestrandeten Seefahrern, die nichts hatten als Kokosnüsse gegen Hunger und Durst. Die beiden Schalen unbedingt aufheben – im Winter kommt da Vogelfutter rein (siehe S. 92)

Essen für Abenteurer 01

ESSEN FÜR ABENTEURER

 Alle Aktionen in der freien Natur sollten von einem Essen über dem offenen Feuer gekrönt werden. Falls Sie keine Möglichkeit haben, ein Feuer zu machen (siehe S. 36), kaufen Sie im Supermarkt einen Einmalgrill und eine Packung kleine Würstchen. Jedes Kind steckt ein Würstchen auf einen Stock und legt es auf den Grill. Wenn Sie ein Feuer machen können, servieren Sie den Superoberhit:

Stockbrot

Zutaten: ein Feuer, ein Stock (am besten selbst suchen lassen, zur Not welche mitnehmen), Brotbackmischung aus dem Supermarkt bzw. selbstgemachter Hefeteig

Zubereitung: Brotbackmischung laut Packungsanweisung anrühren oder einen Hefeteig nach Rezept (Anhang S. 153) selbst machen. Den Teig können Sie auch schon am Abend vor dem Abenteuer anrühren. Zum Transport locker in Frischhaltefolie einwickeln und dann in eine Tüte packen, die man leicht geöffnet – der Teig geht vielleicht noch – zum restlichen Gepäck legt. Den Hefeteig spiralförmig um den Stock wickeln, übers (nicht ins!) Feuer halten und warten, bis er bräunlich und knusprig wird. Das dauert übrigens ein bisschen – und zum Sattessen ist es auch nicht. Evtl. also Extraproviant mitnehmen (siehe S. 85).

Als Getränk reichen Sie Piratenbrause oder Wikinger-Met … Was das ist? Egal. Mischen Sie zu Hause irgendeinen Saft (am besten was Exotisches wie Johannisbeer- oder Rhabarber-Saft) mit Mineralwasser, füllen Sie es in eine PET-Flasche und »verkaufen« es als Piratenbrause. Wenn Sie dazu noch ein entsprechendes Etikett malen, ist die Begeisterung garantiert.

SUPERPAPA

… lässt natürlich die Hälfte des Teiges zu Hause und backt daraus abends ein Räuberbrot (siehe Anhang S. 153). Zur Info: Der hier beschriebene Teig reicht für 10 bis 15 Stockbrote.

01 | PAPA ALS ABENTEURER

DETEKTIVABENTEUER

Was für Daddy Sherlock Holmes, Remington Steele und
Magnum sind, sind für die Kinder Die drei ???, Die Schwarze Sieben und Kalle Blomquist: Detektive, die immer einem
Verbrechen auf der Spur sind und jede Menge Tricks
kennen, um den Täter zu entlarven. Wenn Sie ein Detektivabenteuer vorschlagen, werden Ihre Kinder sofort Feuer
und Flamme sein. Größeren Kindern können Sie zur Ein-
stimmung ein paar Aufgaben stellen: einen Club-Ausweis
basteln, ein paar Verdächtige verfolgen, einen Straßenplan
zeichnen, Personenbeschreibungen üben – und alles wird in
ein Extraheft notiert. Wenn sich die erste Begeisterung legt,
wird es Zeit für Papas Spezialtricks:

Geheimschriften
MATERIAL Papier, Stift, dünne Pappe, Briefklammer,
(Nagel-)Schere oder Cutter
ZEITAUFWAND 30 Min. bis mehrere Tage
ALTER ab 6

Um Nachrichten zu chiffrieren, gibt es 1000 Möglichkeiten.
Die einfachste ist die der Alphabet-Verschiebung, auch
Cäsar-Chiffre genannt. Denn diese Verschlüsselung ist eine
der ältesten Geheimschriften: Julius Cäsar hat sich die Methode ausgedacht, um zum Beispiel seinem Kumpel
Cicero geheime Nachrichten zu schicken. Passend zu seinem Namen benutzte Cäsar meist den Schlüssel C, also
eine Verschiebung um drei Buchstaben: A = C.
Damit man nicht bei jedem Buchstaben nachzählen muss,
durch welchen er nun ersetzt wird, sollte man sich eine
Kodierscheibe basteln. Dazu schneidet man zwei Kreise
aus dünner Pappe aus (Ø ca. 7 und 8 cm), legt sie mittig
aufeinander und verbindet sie mit einer Briefklammer. An
die äußeren Ränder werden jeweils untereinanderstehend

Detektivabenteuer 01

Abb. Detektiv-ABC
01 Alphabet-Verschiebung (+5 Buchstaben)
02a Nachricht aufschreiben
02b Schablonen ausschneiden

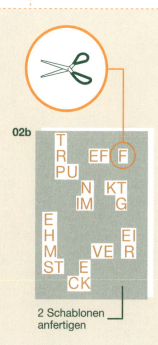

2 Schablonen anfertigen

die Buchstaben des Alphabets geschrieben (siehe Kopiervorlage im Anhang) und schon kann man den jeweiligen Code ganz einfach einstellen. Versteht sich, dass jedes Clubmitglied so eine Scheibe braucht.
Etwas komplizierter, aber auch schon für 6-Jährige zu bewältigen, ist die Schablonentechnik. Dafür wird zunächst eine Schablone hergestellt: Aus einem Stück dünner Pappe (ca. 10 x 15 cm) werden Kästchen, Rechtecke und L-Formen ausgeschnitten (siehe Abb.). Die Schablone wird auf ein Stück Papier gelegt und in die Kästchen (von links nach rechts, von oben nach unten) wird die Botschaft geschrieben. Dann die Schablone wegnehmen und die Zwischenräume mit beliebigen Buchstaben füllen. Wer nur das Blatt

01 PAPA ALS ABENTEURER

in die Hände bekommt, kann nix entziffern. Wenn aber Watson zu Hause die gleiche Schablone hat wie Sherlock Holmes (gleich zwei Stück basteln!), dann kann er sie auf den scheinbar wirren Text legen und die Botschaft in den Kästchen lesen.

Geheimtinte
MATERIAL Zitronensaft ODER Apfelsaft ODER Milch ODER Essig, Feder oder dünner Pinsel, kleine Schale, Papier, Bügeleisen
ZEITAUFWAND 10 Min.
ALTER ab 6

Jeder, der Enid Blyton studiert hat, weiß, wie wichtig Geheimtinte für alle Ermittlerclubs ist. Mit einer der o. g. Substanzen wird eine Botschaft auf ein weißes Blatt Papier geschrieben, am besten geht's mit Milch. Etwas kompliziert, weil die Tinte ja unsichtbar ist. Will man den geheimen Text sichtbar machen, muss man das Papier nur mit einem Bügeleisen erwärmen – bitte nur unter Aufsicht des Oberinspektors (= Papa). Zugegebenermaßen etwas umständlich, aber unheimlich geheimnisvoll!

Fußabdruck in Gips
MATERIAL Gips (aus dem Baumarkt), Wasser, Einweg-Gummihandschuh (aus der Drogerie), feuchter Sand (z. B. auf dem Spielplatz), alter Pappkarton (ca. 20 x 30 cm, je nach Größe des Abdrucks), Teppichmesser, kleiner Eimer, evtl. Plaka-Farbe
ZEITAUFWAND 30 Min. + Trockenzeit
ALTER ab 6; mit Variante ab 4

Ein Einbruch und vom Täter fehlt jede Spur? Zum Glück war der Boden vor der Terrassentür schlammig, und Mr. X hat einen deutlichen Fußabdruck hinterlassen. Jeder Detektiv

SUPERPAPA
… kennt natürlich eine Alternative für kleinere Kinder, die das Prinzip Detektiv noch gar nicht verstehen. Die können nämlich mit dieser Methode Abdrücke von ihren eigenen Füßen oder Händen machen – angemalt ist das ein tolles Geschenk für Oma! Und ein Vater, der mit den Kindern Geschenke bastelt, heimst 1 000 000 Bonuspunkte ein, das nur am Rande.

Detektivabenteuer 01

weiß, was da zu tun ist: vermessen, Profil notieren und am allerbesten einen Gipsabdruck nehmen. Gut, wenn man das vorher mal geübt hat. Lassen Sie die Kinder einen schönen Fußabdruck irgendwo in den feuchten Sand machen (mal barfuß, mal mit Schuh). Vom Pappkarton oben einen etwa 5 cm breiten Streifen abschneiden (das macht am besten Papa mit dem Teppichmesser) und als Rahmen um den Abdruck in den Sand drücken (mind. 2 cm Abstand zum Abdruck). Den Gips laut Vorschrift in einem Eimer o. Ä. anrühren und in den Rahmen gießen. Mit den behandschuhten Händen schön glatt streichen und trocknen lassen. Nach ein paar Stunden kann man den Abdruck ausgraben, vorsichtig vom Sand säubern, über Nacht aushärten lassen und beschriften oder mit Plaka-Farben bemalen.

Bechertelefon

MATERIAL 2 Plastikbecher (z. B. leere Joghurtbecher), Schnur, Schere
ZEITAUFWAND ca. 10 Min.
ALTER ab 4

Am liebsten hätte man natürlich ein Funkgerät. Von wegen »Verdächtiger besteigt Wagen. Kennzeichen M-JB 007. Over«. Aber echte Detektive und Agenten sind findig und basteln sich stattdessen ein Bechertelefon. Dazu bohrt Papa mit der Spitze der Schere je ein kleines Loch in die Böden der Becher. Sherlock & Co. messen dann etwa 10 Meter Schnur ab und fädeln die Enden durch die Löcher. Mit einem Knoten sichern und lostelefonieren: Die Schnur straff spannen, einer hält sich seinen Becher ans Ohr, der andere spricht in seinen rein. (Falls der Forscher in Ihnen durchkommt: Durch das Sprechen entstehen Schwingungen in der Luft, die sich über den Becherboden auf die Schnur übertragen, von dort auf den anderen Becherboden und dann über die Luft ins Ohr. Muss man nicht verstehen.)

01 PAPA ALS ABENTEURER

TIME-OUT: BÜCHER & DVDS

Bücher

Ab 4 Das Bilderbuch Leon Pirat von Christine Nöstlinger und Thomas M. Müller (Beltz) behandelt einen Generationenkonflikt auf höchst amüsante Weise: Leon soll Piratenkapitän werden wie sein Vater, aber er hat ganz anderes im Sinn… Und die Abenteuergeschichten für 3 Minuten von Isabel Abedi (Arena) schaffen kurze Ruhephasen für Papas und Kinder.

Ab 6 Das ultimative Vorlesebuch für Kinder ab 6 ist Der kleine Ritter Trenk von Kirsten Boie (Oetinger). Super dick, aber in kurze Kapitel unterteilt, die immer so spannend enden, dass Papa gerne noch eins liest. Piraten ahoi! ist voller Gedichte, Lieder, Flüche (!) und Geschichten für Piraten jeden Alters, und die CD dazu stimmt schon im Auto alle richtig ein.

Ab 8 Natürlich der Klassiker Jim Knopf und Lukas der Lokomotivführer (Thienemann). Die Geschichte vom Findelkind und seinem Ziehvater lieben immer noch alle Kinder – und wenn Papa vorliest und erklärt, verstehen sie auch die teilweise doch recht anspruchsvolle Handlung. Kleine Indianerfans lieben seit vielen Jahren die Geschichte Fliegender Stern von Ursula Wölfel (Carlsen), in der kindgerecht erzählt wird, wie die Indianer früher lebten.

DVD

Für kleine Kinder ist schon Bullerbü ein Abenteuer – und immerhin ein Film, den 4-Jährige bedenkenlos sehen können (allerdings nicht den ganzen Film auf einmal, sondern nur in etwa 20-Minuten-Häppchen). 6-Jährige lieben Zeichentrickfilmklassiker wie Wickie oder Sindbad (gibt es in 30-minütigen Einzelfolgen auf DVD). Für die ganze Familie (ab 6, besser ab 8) eignen sich Findet Nemo oder Dschungelbuch.

Spielen mit Vielen | 01

SPIELEN MIT VIELEN

MITSPIELER mind. 5
ALTER ab 5
Ein Schiff muss über Land transportiert werden, weil eine Stromschnelle die Weiterfahrt verhindert …
Ein Kind ist das Schiff, die anderen Kinder sind die Baumstämme, mit Hilfe derer das Schiff über Land gerollt wird. Sie legen sich etwa 30 cm voneinander entfernt nebeneinander auf den Boden. Das Schiff-Kind legt sich auf die liegenden Kinder – ganz gerade und möglichst steif. Auf Papas Kommando müssen sich die »Baumstämme« langsam in eine Richtung drehen, so dass das »Schiff« weitergetragen wird. Das hinterste Kind muss jeweils nach vorne laufen und sich blitzschnell vor die andere Baumstämme auf den Boden legen – bis die Ziellinie erreicht ist. Wenn genug Kinder da sind, können auch zwei Gruppen um die Wette rollen.

Fitzcarraldo

MITSPIELER mind. 2
ALTER ab 5
Die Insel muss erkundet werden, und kein Hindernis wird Robinson & Co. daran hindern! Spannen Sie das Seil zwischen zwei Bäume – wenn sich dort kein natürliches Hindernis befindet, erfinden Sie eins (Schlangen, ein Abgrund). Nun müssen die Kinder sich rüberhangeln und dürfen auf keinen Fall den Boden berühren. Besonders lustig ist es, wenn man das Seil über einen kleinen Bach spannt!
Achtung: Nicht zu hoch spannen, damit keine Verletzungsgefahr besteht, wenn die Kids nicht ganz bis ans Ziel kommen!

Über Hindernis hangeln

01 PAPA ALS ABENTEURER

SPIELEN MIT VIELEN

Häuptling, Häuptling, wie weit darf ich reiten?

MITSPIELER mind. 5
ALTER ab 4

Viele kleine Indianer wollen in den Sonnenuntergang reiten – aber ohne die Erlaubnis des Häuptlings geht gar nichts. Wieder eine Start- und eine Ziellinie markieren. Ein Kind ist der Häuptling, die anderen Indianer stehen etwa 20 Meter entfernt und fragen nacheinander: »Häuptling, Häuptling, wie weit darf ich reiten?« Der Häuptling darf entscheiden: einen Elefantenschritt (= ein großer Schritt), 5 Mäuseschritte (= fünfmal immer einen Fuß genau vor den anderen setzen), 3 Froschhüpfer (= dreimal aus der Hocke hüpfen) – etc. Dann muss der Indianer noch fragen: »Darf ich losreiten?« Lautet die Antwort »Ja«, darf sich das Kind entsprechend vorwärts bewegen. Lautet die Antwort »Nein«: Pech. Aber pro Indianer darf der Häuptling höchstens dreimal die Reiterlaubnis verweigern. Das Kind, das zuerst beim Häuptling ankommt, hat gewonnen und darf in der nächsten Runde Häuptling sein.

Feuer, Wasser, Luft

MITSPIELER mind. 3
ALTER ab 3

Absoluter Spiele-Klassiker und immer noch sehr beliebt – und zwar bei 3-Jährigen genauso wie bei 8-Jährigen. Papa muss sich drei Begriffe ausdenken und jedem Begriff eine Aufgabe zuordnen. Ursprünglich waren die Begriffe Feuer (= in einen Kreis springen), Wasser (= irgendwo hochklettern), Luft (= flach auf den Boden legen). Das Spiel kann aber je nach Umgebung und Alter der Kinder beliebig variiert werden – und auch die gerufenen Kommandos können Sie abwandeln. Erzählen Sie eine Geschichte drumrum, dann sind die Kinder gleich noch mal so eifrig. Zum Beispiel: Ihr seid auf einer einsamen Insel gestrandet und

Spielen mit Vielen | 01

SPIELEN MIT VIELEN

müsst euch vor Gefahren in Acht nehmen. Wenn ich »Welle« rufe, klettert schnell irgendwo drauf. Wenn ich »Orkan« rufe, legt euch flach auf den Bauch und verschränkt die Hände hinter dem Kopf. Wenn ich »Löwe« rufe, bleibt zur Salzsäule erstarrt stehen.

MITSPIELER 5–15
ALTER ab 7

Mord im Dunkeln

Das Spiel mit dem Extra-Thrill. Man braucht dazu nur einen Raum ohne umfallbare Vase, Stehlampe u. Ä., den man ganz verdunkeln kann, und so viele Zettel wie Kinder. Auf einem der Zettel wird ein M für Mörder notiert, auf einem ein K für Kommissar, die anderen bleiben leer. Alle Zettel werden zusammengefaltet, und jedes Kind zieht einen. Niemand darf sagen, was auf seinem Zettel steht – nur der Kommissar gibt sich zu erkennen und verlässt den Raum. Das Licht wird ausgeschaltet, und der Mörder sollte alsbald eine Person »umbringen« – durch Tippen auf die Schulter oder ein anderes vorher vereinbartes Zeichen. Der »Ermordete« schreit laut auf und sinkt zu Boden. Der Kommissar hört den Schrei, kommt rein, schaltet das Licht ein und beginnt die Verhöre (»Wo warst du zur Tatzeit?«). Alle Unschuldigen müssen sich ein Alibi überlegen und es bei jeder Befragungsrunde wiederholen (»Ich war spazieren, Finn ist Zeuge!«), nur der Mörder muss seine Aussage (leicht) variieren – so kann der Kommissar ihn entlarven.
Variante: Der Mörder verändert etwas an seinem Aussehen, was nicht sofort auffällt, ein aufmerksamer Kommissar aber bemerken könnte.

| BASICS

SHOPPEN FÜR SUPERDADS

Haben Sie sich nicht auch besonders gefreut, wenn Ihr Vater mal »was mitgebracht« hat? Genauso begeistert werden Ihre Kinder sein, wenn Sie etwas aus der Tasche zaubern! Oder wenn ein Geburtstagsgeschenk ausdrücklich von Papa kommt. Hier ein paar Anregungen für Dinge, die Spaß machen und hilfreich sind für viele Abenteuer. Das meiste gibt es in jedem Kaufhaus oder Spielzeugladen.

Kompass: gibt es in allen erdenklichen Größen und Ausführungen (ab 1 Euro). Oft gibt es auch tolle »Survival-Kits« mit Kompass, Lupe, Licht etc. (z. B. bei www.jako-o.de).

Taschenmesser: für große und kleine Abenteurer, es gibt viele Modelle extra für Kinder, bei denen die Spitze abgerundet ist – z. B. als cooles Klappmesser oder als klassisches Schweizermesser mit Extrafunktionen oder als Schnitzmesser in einer stilechten Lederscheide (um 10 Euro). Darf natürlich nur unter Aufsicht benutzt werden!

Einfache Lupe: für Detektivspiele u. Ä. (ab 1 Euro). **Becherlupe:** Ein durchsichtiger Plastikbecher mit Lupendeckel zum Beobachten von Insekten u. Ä. Gibt es in verschiedenen Ausführungen ab etwa 2 Euro.

Trinkflasche: Eine normale Trinkflasche haben Ihre Kinder natürlich schon, cooler ist eine echte Feldflasche (Army-Shop oder eBay; ab 5 Euro) oder (vor allem, wenn mehrere Kinder mitkommen) ein Wasserbeutel, in den etwa vier Liter reinpassen (Outdoor-Ausrüster, ca. 15 Euro).

Shoppen für Superdads

Angel, Zelt & Co.: Zum Ausprobieren sind einfache Kinderangelsets gut geeignet (ab 10 Euro im Angelladen und Internet). Lassen Sie sich im Outdoor-Laden beraten. Für eine Nacht im Zelt reicht ein einfaches Modell (ab ca. 50 Euro). Lassen Sie sich nicht zu viele Extras aufschwatzen, aber ein kleiner Kocher mit passendem Topf sollte es schon sein – für einmal Ravioli oder Linsensuppe (ab 5 Euro).

(Unterwasser-)Einwegkamera: oder einfache Digitalkamera, die auch die Kinder mal bedienen dürfen – für Fotos zum Schlapplachen oder zum Festhalten von vergänglichen Kunstwerken (Einwegkamera ca. 4 Euro).

Fernrohr / Feldstecher: gibt es extra für Kinder schon ab etwa 8 Euro. Entweder ganz klein zum Umhängen oder piratenlike als Teleskop.

Taschenlampe: Braucht jeder Abenteurer und Expeditionsteilnehmer mal. Es gibt tolle Dynamolampen für etwa 5 Euro, die keine Batterien brauchen, oder coole Stirnlampen!

Dinge, die immer wieder zum Einsatz kommen: Murmeln, Seil (aus dem Baumarkt vom Meter, beraten lassen! Die Dicke des Seils ist nicht unbedingt entscheidend für die Tragkraft – es gibt ganz dünne Seile, die unheimlich viel aushalten), Karabinerhaken, Picknickdecke und Trillerpfeife.
Superdad selbst sollte übrigens niemals ohne Multitool o. Ä. aus dem Haus gehen. Die gibt es in mehreren Ausführungen im Baumarkt oder beim Outdoor-Ausrüster (z. B. auch im Internet unter www.globetrotter.de).

02 PAPA ALS EXPEDITIONSLEITER

GRAD

ERFOLGSBAROMETER
Steht dann auf HOCH, wenn…
… Ihre Kinder am nächsten Wochenende schon um 6 Uhr mit gepacktem Rucksack an Ihrem Bett stehen. Oder wenn sie spontan all ihre Freunde zum Ausflug einladen, um mit ihrem super Dad anzugeben.

WETTERABHÄNGIGKEIT
Hoch. Ausflüge machen natürlich umso mehr Spaß, je besser das Wetter ist. Aber auch bei Regen oder im Winter gibt es durchaus Möglichkeiten für gelungene Expeditionen.

KREATIVITÄTSFAKTOR
Mittel. Ausflüge sind meistens ein Selbstgänger. Für das gewisse Etwas an Kreativität sorgen die folgenden Anregungen.

MÄNNLICHES KNOW-HOW
Mittel. Wenn Sie nicht die große Zeltexpedition (siehe S. 72) planen, kommen auch Männer ohne Cowboy-Gen gut durch.

02 | PAPA ALS EXPEDITIONSLEITER

WENN ICH AUF WANDERSCHAFT GEH ...

Kaum ein Kind, das auf den Satz »Heute machen wir einen Ausflug« nicht in begeistertes Gejohle ausbricht.
Besonders aufregend ist es, wenn der Ausflug nur mit Papa stattfinden wird. Und – auch wenn es hier vor allem um Spaß für Superdad und Kids gehen soll – Ihre Frau wird Sie dafür lieben, dass Sie am Wochenende den Sohn oder die Tochter (oder beide) auf einen Ausflug entführen!
Denken Sie manchmal sehnsüchtig an vergangene Interrail-Tage? An Zeiten, als man sich noch kein Hotel leisten konnte und irgendwo sein Zelt aufschlug? Wollten Sie nicht schon lange mal wieder angeln gehen? Und bedauern Sie nicht auch des Öfteren, dass seit Kindertagen so viele Talente in Ihnen brachliegen (Stichworte: Drachen bauen, pfeifen, Sandburgen entwerfen)? Dann werden Sie jetzt zum Expeditionsleiter für Ihre Kinder!

EXPEDITION IN WALD UND BERGE

Man kann verstecken spielen, auf Bäume und Hochsitze klettern, Räuber und Gendarm spielen, über Baumstämme balancieren, durch Bäche waten und Höhlen bauen. Wenn man mit mehreren Kindern unterwegs ist, wird sich die Bagage schnell verselbständigen und ihr eigenes Spiel finden. Wenn Sie aber nur mit einem oder zwei Kindern auf dem Wanderparkplatz ankommen, wird es ziemlich bald heißen: »Papa ... Was machen wir jetzt?« Und die richtige Antwort darauf ist sicher nicht: »Wir gehen den Rundweg 22b.« Einsatz ist gefragt – und die richtigen Superdad-Ideen.

Expedition in Wald und Berge | 02

Kompass bauen

MATERIAL Stück Styropor (ca. 10 x 10 cm; 5 mm dick), kinderfaustgroßes Stück Knete, Zahnstocher, Schale, Nähnadel, Magnet, Klebstoff
ZEITAUFWAND ca. 20 Min.
ALTER ab 6

Indooraktivität

Ohne Kompass hätte Kolumbus nicht Amerika entdeckt und Amundsen den Südpol nicht gefunden. Auch und gerade im Wald leistet er gute Dienste. Um das Prinzip zu erklären und zur Vorbereitung auf die Expedition, kann man die Kinder einen eigenen Kompass bauen lassen: Aus dem Styropor einen Kreis von etwa 8 cm Durchmesser ausschneiden. Die Knete in die Mitte einer Schale pressen, den Zahnstocher hineinstecken, die Schale mit Wasser füllen, so dass nur noch die Spitze des Zahnstochers herausragt. Dann muss die Nadel magnetisiert werden, dazu mehrfach (30–40-mal) mit dem Magneten über die Nadel streichen,

Abb. Kompass bauen
01 Kreis aus Styropor schneiden
02 Nadel magnetisieren (30–40-mal)
03a Styropor auf Zahnstocher legen
03b Nadel auf Styropor kleben und mit »Nord« etc. markieren

Eselsbrücke: Wenn die Sonne scheint, ist es einfach – und Kinder freuen sich über diesen Spruch: Im Osten geht die Sonne auf, im Süden nimmt sie ihren Lauf. Im Westen wird sie untergehen, im Norden ist sie nie zu sehen. Oder: **N**ie **O**hne **S**eife **W**aschen.

02 PAPA ALS EXPEDITIONSLEITER

langsam und immer in derselben Richtung. Dann die Nadel auf den Styroporkreis kleben, diesen auf den Zahnstocher legen. Der Kreis wird sich drehen und dann stehen bleiben. Ein Ende der Nadel zeigt auf den Nordpol, das andere auf den Südpol. Welches Ende wohin zeigt, muss man einmal an einem richtigen Kompass überprüfen, dann kann man die Nordspitze der Nadel markieren.

Jäger und Sammler
MATERIAL Sammelbehälter (siehe auch Botanisiertrommel S. 88)
ZEITAUFWAND beliebig ausdehnbar
ALTER ab 4

Egal ob Lederstrumpf, Tarzan oder »Der Mann in den Bergen« – in einer Welt ohne Internet und Supermarkt muss man sich alles Nötige in der Natur besorgen. Gehen Sie sammeln! Im Sommer Brombeeren, Preiselbeeren, Walderdbeeren (alles immer gut waschen!), im Herbst Nüsse und Bucheckern – das ist Standard. Aber es gibt noch viel mehr: Gänseblümchen und Löwenzahn zum Beispiel ergeben einen vielleicht gewöhnungsbedürftigen, aber echt »wilden« Salat. Aus Hagebutten und Holunderblüten kann man Tee kochen. Überhaupt ist der Holunderbusch (in dem übrigens gute Geister hausen sollen) eine super Pflanze: Mit den Blüten (Mai bis Ende Juni) lassen sich Pfannkuchen aromatisieren, aus den Beeren (ab Ende Juli) könnte Mama Gelee kochen oder Saft pressen (vorher absprechen, sonst gibt es Ärger. Nicht alle Mütter haben die Nerven, ihre Küche in ein blaues Holunderbeerschlachtfeld zu verwandeln – und wenn die Beeren noch so viel Vitamin C enthalten…). Ganz einfach und garantiert in jedem Wald zu finden sind Fichtennadeln, aus denen man ein entspannendes Bad zubereiten kann – das wäre auch eine tolle Überraschung für Mama.

INFORMATION
Rezepte finden Sie im Anhang ab S. 153.

Expedition in Wald und Berge 02

Abb. Die sieben wichtigsten Wildpflanzen

Holunderblüte

Holunderbeere

Der Holunderbusch (auch Flieder-beere geannt) im Blütezustand und mit Beeren. Die sind nicht giftig, aber roh sehr ungenießbar und können Bauchschmerzen machen.

Eibe

Hagebutte

Brombeere

Sanddorn

Tollkirsche

Efeu

Achtung giftig! Wenn eine der giftigen Beeren gegessen wurde und das Kind Vergiftungser-scheinungen zeigt: sofort ins nächste Krankenhaus. Außerdem gibt es für jedes Bundesland einen Giftnotruf (aufgelistet z. B. unter www.kindersicherheit.de; im Handy speichern!).

02 PAPA ALS EXPEDITIONSLEITER

Zwergengolf

MATERIAL einen oder mehrere kleine Behälter, z. B. Filmdöschen oder Mini-Pappbecher aus dem Coffeeshop, Murmeln, evtl. Korken
ZEITAUFWAND je nach Ausdauer mind. 30 Min.
ALTER ab 4 (mit Hilfe), ab 6 allein

Im Wald wimmelt es ja bekanntlich von Gnomen, Trollen und Zwergen. Denen kann man doch mal etwas Spaß gönnen und ihnen eine eigene Minigolfanlage bauen – das Erstbenutzungsrecht liegt natürlich bei den Erbauern! Suchen Sie ein Plätzchen, wo der Boden so weich ist, dass man Furchen reinkratzen kann, aber doch so hart, dass diese Furchen auch ihre Form behalten. Dann denken Sie sich mit den Kindern eine Art Parcours aus, ein Mittelding aus Murmel- und Minigolfbahn. Kleine Hügel, die die Murmeln überwinden müssen, Tunnel, Brücken, Slalombahnen oder Wippen aus einem Rindenstück, das auf einem anderen Stück Holz liegt.

Entweder man baut einen längeren Parcours, an dessen Ende ein kleiner Becher in den Boden eingraben ist, um die Murmeln aufzufangen – oder mehrere kleine Bahnen mit Hindernissen, die jeweils an einem eingegrabenen Döschen enden. Die Murmeln können dabei mit Fingerschnipsen bewegt werden oder mit »Minigolfschlägern« aus kleinen Zweigen, die man in einen Korken steckt.

Indooraktivität

Fossilien und »Edelsteine« suchen

MATERIAL Hammer, Meißel
ZEITAUFWAND nach Belieben
ALTER ab 6

Fossilien oder »Edelsteine« suchen ist eine spektakuläre Aktion für alle Kinder. Und auch die Papas werden dabei bestimmt viel Spaß haben. Selbst wenn man dabei

Expedition in Wald und Berge 02

meist »nur« Ammoniten findet (sehen aus wie Schnecken, stammen aber aus der Familie der Tintenfische!) und keinen versteinerten Zahn von Tyrannosaurus Rex, liegt über der ganzen Unternehmung eine Jurassic-Park-Stimmung. Und nicht nur Mädchen werden hochgradig geflasht sein, wenn sie echte Edelsteine finden: Achate, Amethyste, Bergkristalle gibt es tatsächlich manchmal freizulegen!

In »professionell betriebenen« Steinbrüchen können Sie sogar Hammer und Meißel gegen eine geringe Gebühr ausleihen (vor allem für den Alpen-Urlaub lohnt sich eine Internet-Recherche, denn dort sind massenhaft Funde garantiert) – oder Sie kennen einen verlassenen Steinbruch in der Nähe, wo man mit eigenem Werkzeug auf die Suche gehen kann.

Staudamm & Co.

MATERIAL Äste, Zweige, große Steine, kleine Steine, Laub, evtl. Schnur

ZEITAUFWAND nach Belieben

ALTER ab 4

Sie haben die Kinder zum Wandern überredet, aber jetzt heißt es: »Och nee, wie lange noch?« Dann hoffen Sie auf einen Bergbach und rufen das Staudammprojekt aus. Superdad steuert die bauingenieurwürdigen Anregungen zur Schichtung des Dämmmaterials bei; die Kinder suchen Steine & Co. und stapeln und stopfen und planschen. Wem das nicht reicht, der kann ein paar Extras um den Damm herum arrangieren, zum Beispiel einen Hafen (Schiffe siehe Anhang) oder eine Hängebrücke aus kleinen Ästen, die mit einer Schnur verknüpft werden. Nehmen Sie ein paar (alte, entbehrliche) Playmobilmännchen und Autos mit auf die Expedition, damit Damm, Schiffe und Brücke bevölkert werden können.

02 PAPA ALS EXPEDITIONSLEITER

Kastanien abschlagen

MATERIAL Kastanien, Handbohrer, dickere Schnur / Kordel
(etwa 30 cm lang)
ZEITAUFWAND ab 10 Min.
ALTER ab 6 (wenn Papa die Sache mit dem Handbohrer
erledigt)

Wenn es Herbst wird, geht das große Sammeln los: Riesige
Kastanienvorräte werden angelegt (gern auch mit Mamas
Hilfe), um daraus irgendwann mal Tiere mit Streichholzbei-
nen zu bauen, die dann monatelang vor sich hin schrum-
peln, bevor einer (Papa) sich traut, sie wegzuschmeißen.
Wenn Sie auch zur heimlichen Kastanienzoohasser-Fraktion
gehören, dann bringen Sie Ihren Kinder doch was Cooles
mit Kastanien bei: »Conkers« heißt ein traditionelles Spiel
der kleinen Briten. Dazu wird mit dem Handbohrer ein
Loch in die Kastanie gebohrt, eine Schnur durchgezogen
und unten mit einem Knoten versehen. Immer zwei Spieler
treten gegeneinander an, jeder einen »Conker« in der Hand.
Einer streckt den Arm aus und lässt seine Kastanie einfach
runterhängen, während der andere, der »Striker«, versucht,
sie mit seinem Conker zu zerschlagen (siehe Abb.). Wenn
sich die Schnüre verwickeln, bekommt derjenige einen Ex-
tra-Shot, der zuerst »Schnur!« ruft. Wenn ein Spieler seinen
Conker fallen lässt (oder er ihm aus der Hand geschlagen
wird), muss er ganz schnell »Ohne treten!« rufen, sonst ruft
nämlich der Gegner »Zertreten!«, tritt auf die Kastanie und
– Game over.
Wer den gegnerischen Conker zerschlägt, bekommt einen
Punkt und darf sich entsprechend seiner Punkte »Einer«
oder »Fünfer« etc. nennen. Wer den Conker eines »Fünfers«
zerschlägt, gewinnt dessen fünf Punkte und noch einen
Punkt für den Sieg. Wenn ein »Zweier« also einen »Fünfer«
schlägt, wird er zu einem »Achter«!

Expedition in Wald und Berge — 02

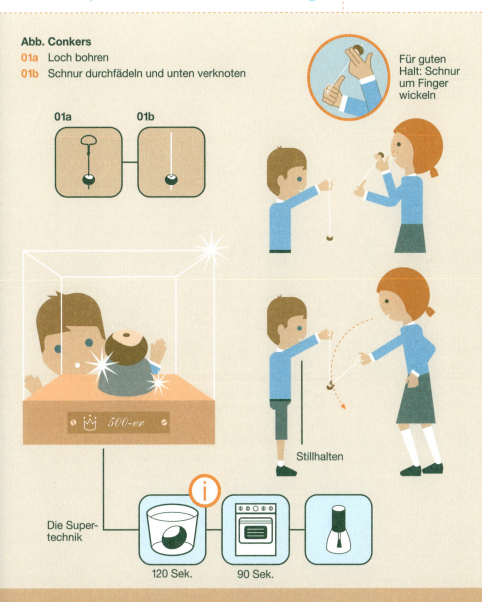

02 | PAPA ALS EXPEDITIONSLEITER

Feldstecher bauen

MATERIAL 2 Toilettenpapierrollen, Klebstoff, Band
ZEITAUFWAND 10 Min.
ALTER ab 4

Ist einfach, geht schnell, funktioniert (natürlich) nicht wirklich. Trotzdem werden Ihre Kinder tagelang begeistert mit dem selbst gebauten Feldstecher rumlaufen und sich abwechselnd wie James Bond, die Bergwacht oder Dr. Tracy von »Daktari« fühlen. Für einen original Feldstecher müssen nur zwei Toilettenpapierrollen nebeneinandergeklebt werden, Band zum Umhängen befestigen – fertig. Perfektionisten malen die Papprollen noch an – mit Wasser- oder Plakafarbe, in Bunt, Braun oder gar in Tarnfarben.

Wanderstock schnitzen

MATERIAL Schnitzmesser
ZEITAUFWAND 30 Min. bis 1 Std.
ALTER ab 6

Lassen Sie die Kinder einen Wanderstock suchen. Sie sollen sich ruhig ein bisschen Mühe geben, nicht der erste ist auch gleich der beste. Sie als Expeditionsleiter begutachten die angeschleppten Stöcke, und erst wenn Sie einverstanden sind, dürfen die Kinder den Stock mit dem Schnitzmesser verzieren, also Muster in die Rinde schnitzen etc.
Sie werden sehen, dass mit einem eigenen Wanderstock das Gehen viel leichter fällt. Vielleicht spendiert Papa ja sogar mal eine Plakette, und spätestens dann heißt es auch nicht mehr so schnell: »Wenn ich auf Wanderschaft geh, ja geh, dann tut mir der Zeh so weh!«

Expedition an den Strand

EXPEDITION AN DEN STRAND

Glückliche Papas und Kinder, die einen Meeresstrand in Tagesausflugsnähe haben! Sand und Meer – mehr braucht es eigentlich gar nicht zum Glücklichsein. Eine Alternative bieten aber auch Strände von Seen und Flüssen. Abgesehen von Robinson- und Piratenabenteuern (siehe S. 28 und 35) kann man hier noch vieles anderes erleben. Manches hört sich erst mal banal an, aber achten Sie auf die Feinheiten!

Sandburgen bauen
MATERIAL Schaufel, Eimer, evtl. spezielle Burgenformen, Plane oder Plastiktüte, kleine Schere oder Multitool (siehe S. 53)
ZEITAUFWAND 1 Std. bis 1 Tag
ALTER ab 4 (oder früher)

»Think big« lautet das Motto beim Sandburgenbau. Denn Sie wollen doch auch selbst ein bisschen Spaß haben – also bauen Sie mit Ihren Kindern die Sandburg, für die Ihnen früher immer die Zeit fehlte (und die Mama auf dem Spielplatz nie bauen würde). Legen Sie Gräben an (mit Plastiktüte oder Plane auslegen!) und Tunnel, (Zug-)Brücken und Brüstungen. Bauen Sie eine Zweitburg, die mit der ersten über eine gefährliche Straße verbunden ist. Lassen Sie alles mit Muscheln, Steinen etc. verzieren. Vielleicht haben Sie das Bauingenieur-Gen, dann formen Sie alles mit den Händen und zwei Schaufeln. Wenn nicht: Im Spielzeugladen (oder im Internet) gibt es tolle Hilfsmittel: verschiedenste Formen wie Mauern und Türme, aus denen eine 1a-Burg entsteht, extra Folie, damit das Wasser in den Gräben nicht versickert und und und. Packen Sie die Playmobilfiguren ein, ein paar Plastiktiere und Autos – und der Tag kann nicht lang genug sein.

SUPERPAPA
... hält natürlich vergängliche Kunstwerke wie Sandburgen und tolle Zwergengolfbahnen auf Fotos fest, damit Mama zu Hause Superman und seine Superkindercrew bewundern kann.

02 PAPA ALS EXPEDITIONSLEITER

Spitzdrachen bauen

MATERIAL Drachenpapier (gibt es auch zum Bemalen!) oder Tyvek (reißfest und leicht!) oder Plastikfolie (ca. 90 x 80 cm), Holzleisten (10 mm breit, 5 mm dick) in 90 und 75 cm Länge, kleiner Ring, Alleskleber oder (besser) Heißkleber, Angelleine (Nylonschnur)
ZEITAUFWAND 1 Std. bis 1 Tag
ALTER ab 4 (oder früher)

Weniger geschickte Papas dürfen sich ein Selbstbau-Set aus dem Laden kaufen – aber die MacGyvers basteln einen Drachen ganz und gar selbst. Das Material gibt es im Drachenladen (edel und teuer) oder ganz einfach im Baumarkt. Die Leisten müssen zunächst eingekerbt (damit sie nicht verrutschen) und dann mit einer Schnur gründlich fixiert werden. Nun wird eine weitere Schnur trapezförmig von Leistenende zu Leistenende gespannt. Drachenpapier ausschneiden, evtl. bemalen, um die Spannleine falten und festkleben. Jetzt wird's knifflig: Vier Schnüre an die vier Leisten binden und in dem Ring zusammenfassen, der (in etwa 20 cm Abstand) genau über dem Leistenkreuz liegen muss. Zum Schluss wird ebenfalls an den Ring eine lange Leine gebunden und unten an den Drachen noch ein Schwanz.
Und jetzt steigen lassen – besonders schön am Strand, geht aber natürlich auch auf einer Wiese oder einem Feld!

Muschelkette

MATERIAL Muscheln, Federn, Schnur, Handbohrer
ZEITAUFWAND ca. 1 Std.
ALTER ab 4 (das Bohren übernimmt sowieso Daddy)

Time-out für Papa, denn erst mal müssen die Kinder sammeln gehen. Muscheln findet man allerdings wirklich nur am echten Meeresstrand. Wenn der unerreichbar ist

SUPERPAPA

... weiß natürlich, wie man Steine flutschen lässt. Wenn Sie es schaffen, Ihrem Kind das beizubringen, fühlt es sich gleich als Held. Platte Steine suchen, mit Zeigefinger und Daumen umfassen und so flach wie möglich übers Wasser schießen. Wer schafft die meisten Ditscher?

Expedition an den Strand 02

Abb. Drachen bauen

01 Kerben in Leisten einschneiden
02a Leisten verkerben, mit Schnur zusammenbinden
02b Schnur um Leistenenden spannen
03 Papier (plus 3 cm Puffer) ausschneiden
04 Papier bemalen, unter Rahmen legen
05 Überstehenden Rand über Spannleine klappen und festkleben
06 Vier Schnüre jeweils an Leiste und Ring binden
07 Leine und Schwanz befestigen

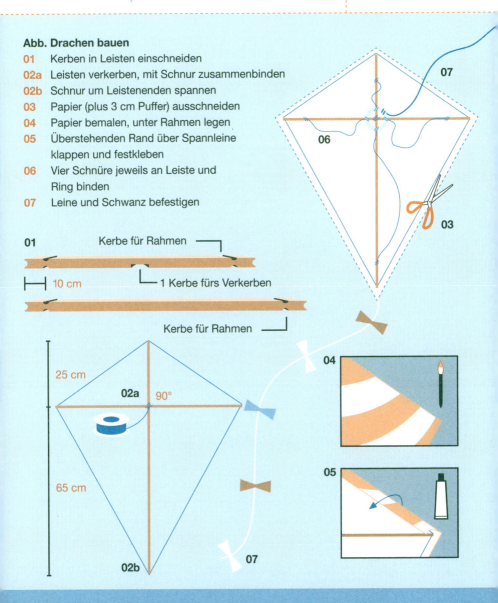

 Die vier Schnüre in die Kerben (etwa in 10 cm Abstand zu den Leistenenden) binden. Der Ring muss exakt austariert sein – über der Mitte des Leistenkreuzes, wenn alle Schnüre gespannt sind. Sonst wird es ein Sturzflug!

02 PAPA ALS EXPEDITIONSLEITER

und die Muschelkette trotzdem lockt: Im Bastelladen gibt es wirklich alles, auch Muscheln aus Übersee, nicht mal besonders teuer. Diese spezielle Überraschung könnten Sie auch mit einer Schatzsuche kombinieren (siehe S. 32). Wie auch immer: Wenn genügend Muscheln da sind, müssen sie alle ein Loch verpasst bekommen, damit die Kinder sie auffädeln können. Das Loch sollte auf jeden Fall Superdad höchstpersönlich mit dem Handbohrer bohren (die Gefahr, dass die Kinder an der glatten Muschel abrutschen und sich verletzen, ist zu groß). Das ist zugegebenermaßen ein bisschen frickelig, aber das Ergebnis lohnt die Mühe.

Strandgut in Gips
MATERIAL alles, was man am Strand so findet, Deckel eines Schuhkartons, Folie, Gips (aus dem Baumarkt), Wasser, Schüssel
ZEITAUFWAND ca. 20 Min.
ALTER ab 4 (wenn Papa den Gips anrührt)

Indooraktivität

Und noch mal müssen die Kinder auf Sammeltour gehen, während Papa ein Sonnenbad nimmt. Gesucht werden nicht nur Muscheln, sondern allgemein handliches Strandgut (Holzstückchen, angespülte Scherben, Steine).
Zu Hause werden die Sammlerstücke dann abgespült und so auf dem Boden drapiert, wie man sie später im Gips arrangieren will. Dann den Schuhkartondeckel mit Folie auslegen und in einer Schüssel den Gips (lt. Packungsanleitung) anrühren. Gips in den Kartondeckel gießen und das Strandgut in die Masse drücken (Gips wird sehr schnell hart, also zügig arbeiten!). Am nächsten Tag, wenn der Gips richtig durchgehärtet ist, kann man ihn aus dem Kartondeckel nehmen, die überstehende Folie abschneiden und das Kunstwerk aufstellen. Oder Papa bohrt vorsichtig zwei Löcher rein und zieht ein Band durch – dann kann man das Mosaik aufhängen. Achtung: Gips ist sehr zerbrechlich!

Essen für Expeditionsteilnehmer | 02

ESSEN FÜR EXPEDITIONSTEILNEHMER

Ein Ausflug ohne Proviant ist kein Ausflug. Bestimmt würde Ihre Frau bereitwillig einen Picknickkorb mit Apfelschnitzen, Reiswaffeln, Dinkelvollkornbrot und Rohkost zusammenstellen. Aber Sie nehmen das natürlich selbst in die Hand – denn schließlich ist es DIE Gelegenheit, endlich mal diese großartigen mehrstöckigen Sandwiches zu machen, die Kater Karlo & Co. in den Comics immer essen. Beim Bauen helfen die Kinder sicher gerne!

Daddy-Sandwiches
Zutaten: möglichst dünn geschnittenes Weißbrot (falls in Ihrer Familie strenges Vollwertgesetz herrscht, nehmen Sie Vollkorntoast – geht auch, ist aber nicht so lustig), Frischkäse, Gurke, Tomate, gekochte Eier – jeweils in dünne Scheiben geschnitten, gekochten Schinken, Salami, Käse etc., evtl. Senf, Ketchup, Mayonnaise
Zubereitung: Brot mit Frischkäse bestreichen, immer eine Sorte Belag darauf verteilen, eine weitere Scheibe Brot drauflegen, nächsten Belag drauf usw. Wer's mag, streicht noch Senf, Ketchup oder Mayonnaise auf die Scheiben. Gut in Folie wickeln, damit die Mega-Sandwiches nicht während der Expedition auseinanderfallen.
Vergessen Sie nicht Servietten oder Haushaltsrolle, denn das Essen der Sandwich-Türme geht immer mit großer Sauerei einher – übrigens der Hauptgrund, warum Mütter diesen Proviant so selten mitnehmen.
Als Getränk nehmen Sie Wasser oder verdünnte Säfte mit – am besten stilecht in einer zünftigen Feldflasche (siehe *Shoppen* S. 52).

02 PAPA ALS EXPEDITIONSLEITER

EXPEDITION IN DEN SCHNEE

Wenn der Winter sich von seiner besten Seite zeigt und dicke Schneeflocken vom Himmel fallen, braucht sich Superdad nicht groß den Kopf zu zerbrechen: Ein Ausflug in den Schnee ist immer und sowieso ein großer Spaß. Aber wenn es länger kalt und weiß bleibt, kommt vielleicht doch Langeweile auf – die Sie mit ein bisschen Winter-Engagement locker in den Griff kriegen.

Winteraktivitäten

Schneeschuhe bauen
MATERIAL 2 alte Tennisschläger (Flohmarkt, eBay), Klettband, Säge
ZEITAUFWAND ca. 20 Min.
ALTER ab 4

Kleiner Aufwand, große Wirkung. Von den Tennisschlägern die Griffe absägen (Kinder ab 7 dürfen das auch mal selbst versuchen!), das Klettband durch die Bespannung fädeln, winterverpacktes Kind auf Schläger stellen und die Stiefel mit dem Klettband festmachen. Wer schafft die weiteste Strecke, ohne einzusacken? Wer stapft die schönste Spur? Reinhold Messner wäre begeistert … Fotos nicht vergessen!

Wintermurmelbahn bauen
MATERIAL Golfball, Schaufel, Löffel
ZEITAUFWAND 30 Min. oder länger (je nach Ausdauer)
ALTER ab 6

Einen großen Schneeberg aufschütten. Mit Löffel und behandschuhten Händen eine Bahn modellieren. Wenn man mit etwas Wasser nachhilft, wird die Strecke besonders glatt – fast wie eine Bobbahn bei Olympia! Man kann Kurven und Hügel, Schanzen und Tunnel bauen. Oder einfach ein Wettrollen auf zwei gleich langen Bahnen veranstalten.

Expedition in den Schnee 02

Sessellift

MATERIAL Schneeschaufel
ZEITAUFWAND je nach Ausdauer
ALTER ab 4

Profi-Winterexpediteure haben natürlich eine Schneeschaufel im Kofferraum, um etwaige Schneeverwehungen zu beseitigen. Diese Schneeschaufel kann auch wunderbar für eine Riesengaudi mit Papa benutzt werden: Kind setzt sich drauf + Daddy zieht = Sessellift. Klingt simpel, aber wenn der Liftbetreiber schreckliche Kurven oder über Huckel fährt oder plötzlich eine Schneedusche regnen lässt (an schneebedeckten Zweigen ziehen und schnell weiterlaufen) – dann ist ein Mega-Gejauchze der Liftreisenden garantiert.

Rallyecross per Schlitten

MATERIAL Schlitten, verschiedene Gegenstände (Schal, Zweig, Handschuh, Becher), Eimer u. Ä.
ZEITAUFWAND ca. 20 Min. zur Vorbereitung der Strecke
ALTER ab 6

Schlittenfahren kann jedes Kind und liebt jedes Kind. Damit auch nach zwanzig Abfahrten keine Langeweile aufkommt, denkt sich Superdad eine Spezialstrecke aus: Natürlich mit Schanze, außerdem müssen während der Fahrt einige Gegenstände eingesammelt werden: ein Schal, ein Zweig, ein Handschuh oder sogar ein mit Wasser gefüllter Becher. Oder die Kinder bekommen vor Abfahrt einen Tannenzapfen in die Hand und müssen ihn unterwegs in einen Eimer werfen. Wenn der Hang lang genug ist, kann auch ein Slalom eingebaut werden. Man kann die Zeit stoppen und pro Aufgabe Punkte verteilen – wer 10 Punkte erreicht, bekommt eine heiße Schokolade, wer 20 Punkte schafft, noch Sahne dazu. Oder so.

02 | PAPA ALS EXPEDITIONSLEITER

ZELTEXPEDITION

Für diesen Ausflug brauchen Sie Sommer, ein freies Wochenende und ein Zelt. Es ist natürlich die anspruchsvollste aller Expeditionen, aber dafür sind Sie danach der Super-Superdad, denn alle Kinder brennen darauf, mit Papa eine Nacht im Zelt zu schlafen. So wie richtige Pfadfinder eben, wie Indiana Jones und Rüdiger Nehberg oder Tick, Trick und Track. Und wenn Sie auch nur einige der Zusatztipps verwirklichen, dann wird es ein unvergessliches Survival-Wochenende. Optimales Ziel für eine Zeltexpedition ist übrigens ein See- oder Flussufer.

Papa hat natürlich das Terrain vorher gecheckt und weiß, wo der beste Platz für das Zelt ist. Trotzdem sollen die Kinder erst mal selbst überlegen, was man beachten muss: Der Boden muss trocken und möglichst eben sein und möglichst windgeschützt liegen. Baut man das Zelt unter Bäumen auf, sollten diese nicht alt und krank sein, sonst könnten morsche Äste runterfallen! Optimal ist ein naher Bach – da kann man dann Wasser zum Kochen holen.

Naturbett bauen

MATERIAL 4 dicke Äste für den »Bett«rahmen, Fichten- oder Kiefernzweige, Laub oder Heu
ZEITAUFWAND 1–2 Std.
ALTER ab 6

Was ein echter Trapper ist, der schläft natürlich nicht im Zelt, ist klar. Und die Fünf Freunde haben praktisch nur auf selbst gebauten Heidekrautmatratzen geschlafen. Eine Nacht unter freiem Himmel übt auf Kinder eine ungeheure Faszination aus – ist aber auch noch einen Tick unheimlicher als im Zelt. Überlegen Sie also, ob Sie das Ihren Kindern auch wirklich zutrauen! Außerdem muss es dafür natürlich schön warm sein – es sei denn, Sie wollen sich

Zeltexpedition 02

vorher mit Extrem-Schlafsäcken ausrüsten. Die dicken Äste für den Bettrahmen werden als Rechteck auf den Boden gelegt. Dann heißt es Zweige sammeln (nicht abschlagen! und auch kein Heidekraut ausrupfen!!): Da man später möglichst gemütlich liegen möchte, nimmt man am besten die weichen Enden der Zweige. Die werden dann in den Rahmen geschichtet (Nadeln nach oben!) und eventuell noch mit Laub und/oder Heu ausgepolstert. Schlafsack drauf – und fertig ist das Naturbett, das übrigens auch noch fantastisch duftet.

Schlau ist, wer das Bett unter einem Ast errichtet – dann kann man bei einem unverhofften Regenschauer eine Plane über Ast und Bett legen und an den Seiten mit Steinen beschweren, immerhin ein kleiner Schutz.

Abb. Survival of the fittest

»Wildes Zelten« ist in Deutschland verboten. Sprechen Sie also vorher mit dem Besitzer des Grundes, auf dem Sie zelten wollen – einen Versuch ist es wert! Biwakieren (= übernachten ohne Zelt) hingegen ist erlaubt; trotzdem sollte man vorher das Forstamt o. Ä. kontaktieren.

02 PAPA ALS EXPEDITIONSLEITER

INFORMATION
Offiziell braucht man zum Angeln einen Angelschein. Außerdem darf man nicht in jedem Gewässer angeln. Unter www.seen.de erfahren Sie, in welchen Seen das Angeln erlaubt ist – und noch einiges mehr über viele, viele deutsche Seen.

Angeln
MATERIAL kleine Angelausrüstung oder ein Stock und ein Stück (Nylon-)Schnur, Blumendraht, Köder (Würmer, Insekten, ein Stück Weißbrot oder ein (Dosen-)Maiskorn)
ZEITAUFWAND tja, wenn man das wüsste
ALTER ab 6

Für die Bullerbü-Variante basteln die Kinder eine Angel mit Stock und Schnur, biegen den Draht zum Haken, binden ihn fest und stecken den Köder drauf. Für die Robert-Redford-Variante folgen Sie der Gebrauchsanweisung des Angelsets. Und dann »Petri heil«! Übrigens läuft eine Angelaktion meistens so ab: »Au ja, angeln!« schreien alle Kinder. Der archaische Wunsch, das Essen selbst zu fangen, scheint irgendwie in unseren Genen überlebt zu haben. Aber seien Sie nicht enttäuscht, wenn die Begeisterung nur zehn Minuten vorhält. Still sitzen und einen Stock ins Wasser halten – das wird leider ganz schnell langweilig. Wenn Sie den Fang fürs Abendessen fest einplanen, sollten Sie sicherheitshalber eine Packung Tiefkühlforellen einstecken. Das löst dann auch das Problem mit dem Angelschein und weitere Unannehmlichkeiten, die mit Mord und Eingeweiden zu tun haben (s. u.).

Abendessen
Wenn abends der Magen knurrt, gibt es zwei Möglichkeiten: Entweder die mitgebrachten Dosengerichte auf dem Campingkocher warm machen – auch schon ein echtes Erlebnis, wenn man sonst immer am fertig gedeckten Tisch isst. Oder – für echte Naturburschen auf den Spuren von Fähnlein Fieselschweif – die gefangenen Fische über dem Lagerfeuer rösten. Eigentlich machen das alle Helden der Abenteuer-Literatur andauernd, egal ob Robinson oder Ronja Räubertochter. Kann also nicht so schwer sein, oder? In einschlägigen Rezepten steht: schuppen, ausnehmen,

Zeltexpedition 02

waschen, abtrocknen, dann salzen, pfeffern, evtl. mit Kräutern füllen – und ab auf den Grill. Klingt super, bis auf den Anfang. Schuppen? Ausnehmen? Die gute Nachricht: Forellen, Merlans und Schleien werden nicht geschuppt. Wenn Sie aber dummerweise einen Barsch gefangen haben, müssen die Schuppen ab: Das Messer schräg ansetzen und die Schuppen von hinten nach vorne abschaben. Und hinter dem lapidaren Wort »ausnehmen« verbirgt sich folgende Prozedur: Bauch aufschneiden (von der Darmöffnung bis zu den Brustflossen), Innereien herausnehmen – und zwar mit Gefühl. Vor allem die Galle soll nicht verletzt werden, sonst schmeckt's nachher eklig. Dann wird der Fisch mit grobem Salz eingerieben und gründlich abgespült, mit Zitrone beträufelt (sofern vorhanden), gesalzen und gewürzt.
Je nachdem, wie zart besaitet Ihre kleinen Expeditionsteilnehmer sind, können sie natürlich gerne helfen. Aber wundern (und ärgern) Sie sich nicht, wenn Sie am Ende mit dem nackten Fisch alleine dastehen.
Wenn alles vorbereitet ist, gibt es zwei Möglichkeiten: Der Länge nach auf einen langen Stock stecken und diesen dann schräg neben das Feuer in die Erde bohren (Gefahr: Fisch verkohlt oder plumpst in die Flammen). Oder man wickelt den präparierten Fisch in Alufolie und legt ihn in die Glut (immer mal wenden) – nach etwa 20 Minuten ist er gar. Wenn man noch ein paar Kartoffeln einwickelt und dazulegt, hat man gleich eine Beilage.

Morsezeichen raten
MATERIAL Taschenlampe
ZEITAUFWAND bis die Augen zufallen
ALTER ab 7

Wenn die Dunkelheit hereinbricht, wird es richtig gemütlich. Während das Abendessen kocht oder brät, kann man sich die Zeit mit Morsezeichenraten vertreiben. Dazu müssen

ACHTUNG
Bevor man mit der Zubereitung anfängt, muss der Fisch natürlich tot sein: Mit einem Schlag auf den Kopf betäuben, dann ins Herz stechen, bis dunkles Blut kommt. Urgs. Manchmal wundert man sich, wie pragmatisch Kinder sind. Kann also sein, dass sie diesen Totschlag durchziehen, ohne mit der Wimper zu zucken. Kann auch sein, dass Superdad hier den Rambo geben muss.

02 PAPA ALS EXPEDITIONSLEITER

natürlich vorher die Buchstaben eingeübt werden. Im Internet (zum Beispiel unter www.wikipedia.de) finden Sie den ganzen Morsecode.

Romantische Kerzen zu Wasser lassen
MATERIAL Baumrinden, Teelichter
ZEITAUFWAND bis zum Spektakel ca. 15 Min.
ALTER ab 4

Iiiiieeeeh, Romantik, werden echte Kerle jetzt denken. Jaja, aber ein bisschen was Stimmungsvolles gehört schon dazu, wenn man die Nacht outdoor verbringt. Und schwimmende Lichter werden die Kinder garantiert begeistern. Dazu einfach ein paar größere Rindenstücke sammeln (oder kleine Floße bauen wie auf S. 31 beschrieben), Teelichter aus den Aluhüllen nehmen, auf die kleinen Boote setzen, anzünden und zu Wasser lassen. Sieht toll aus!

Sterne gucken
Natürlich müssen im Dunkeln die Sterne genauer betrachtet werden. Auch wenn man die beste Sicht in den Nachthimmel tatsächlich im Winter hat – mehr Spaß macht es doch im Sommer, wenn man auf der Naturmatratze liegt und nebenan noch leicht das Feuer scheint. Der hellste Stern ist der Polarstern. Er wird auch Kompass-Stern genannt, denn er steht genau über dem Nordpol. Der zeigt auch gleich das bekannteste Sternbild, den »Kleinen Wagen«. Genau wie der »Große Wagen« (der gleich daneben liegt) ist er das ganze Jahr über sichtbar. Im Sommer sieht man dazu den »Schwan« sehr gut, im Winter leuchtet der Sirius strahlend hell und bildet das Sternbild »Großer Hund«.

INFORMATION
Mehr Sternbilder und die Geschichten dazu finden Sie unter www.astronomie.de und www.sternenhimmel-aktuell.de.

Zeltexpedition | 02

Abb. Die fünf nützlichsten Sternbilder
01 Der Große Wagen (auch Der Große Bär genannt)
02 Der Kleine Wagen (auch Der Kleine Bär genannt)
03 Der Schwan
04 Orion
05 Der Große Hund

TOPSACHE

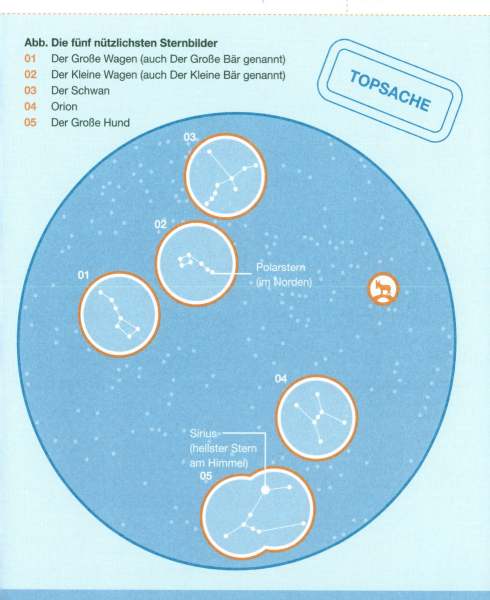

Polarstern (im Norden)

Sirius (hellster Stern am Himmel)

 Eselsbrücke, um sich die Namen der Planeten und deren Entfernung von der Erde zu merken: **M**ein **V**ater **e**rklärt **m**ir **j**eden **S**onntag **u**nseren **N**achthimmel.

02 PAPA ALS EXPEDITIONSLEITER

EXPEDITIONEN IM URBAN JUNGLE

Wenn es draußen kalt ist oder in Strömen regnet, wenn der Wald zu matschig ist und der Strand zu weit weg, dann gibt es immer noch die Möglichkeit, Expeditionen in der Stadt zu unternehmen. Zum Beispiel …

Indooraktivität

… ins Schwimmbad: Probieren Sie mit Ihren Kindern mal ein anderes (Spaß-)Bad aus. Mütter haben oft keine Lust, in große, weit entfernte Schwimmbäder zu fahren, weil sie sonst bei jedem weiteren Schwimmbadbesuch argumentieren müssen, warum man denn nicht wieder … Sie dürfen die Ausnahme machen und das Super-Rutschen-Wasserfallbad ausprobieren! Oder Sie packen die ganze Urlaubsausrüstung ein (Taucherbrille, Flossen, Schnorchel) und spielen Unterwasser-Exkursion. Besonders toll, wenn Sie Ihrem Kind eine Einweg-Unterwasserkamera spendieren und sich gegenseitig beim Tauchen fotografieren!

Indooraktivität

… ins Museum: Viele Museen bieten am Wochenende spezielle Veranstaltungen für Kinder verschiedenen Alters an: Führungen, Mal- oder Bastelaktionen, Rallyes. Recherchieren Sie im Internet, was es bei Ihnen in der Nähe gibt. Und gucken Sie auch gleich, welche unentdeckten Museen noch auf Ihren Besuch warten.

… in den Zoo: ein Klassiker für den Sonntagsausflug ist der Tierpark. Öhhh, langweilig, stöhnen die Kinder vielleicht, wenn Sie diese Option schon zum zigsten Mal aus dem Hut zaubern. Dann könnte eine Rallye die Lösung sein (für Kinder ab 6). Dabei müssen die Kinder kleine Aufgaben oder Rätsel lösen. Fragen rund um diverse Tierarten sind schnell ausgedacht, weitere Aufgaben könnten sein: Entfernung mit Schritten abmessen, Schilder interpretieren, ein Tier malen, die Preise für Pommes und Cola rausfinden, eine Feder

Expeditionen im Urban Jungle | 02

suchen, einen Gegenstand (Plastiklöffel, Serviette, Karotte o. Ä.) organisieren. Auch der Renner für jeden Geburtstag – dann wird in Gruppen getüftelt.

…ins Planetarium: Wenn Sie ein Planetarium in der Nähe haben, fragen Sie nach Vorführungen für Kinder (auf die Altersangabe achten!). Allein das Sitzen in der Halbschräge und im Dunkeln ist für Kinder ein Erlebnis. Zum Nacharbeiten des Gesehenen bietet sich eine Übernachtung im Freien bzw. Zelt an (siehe S. 72 und 76).

Indooraktivität

… auf den Schrottplatz: Nicht nur für Jungen ein großartiger und geheimnisvoller Ort. Hier gibt es Fahrradteile, Autoscheinwerfer, Motorradteile, Einkaufswagen, Autoreifen, Treckerschläuche, Waschmaschinentrommeln, Lenkräder, Armatureninstrumente und und und. Und wenn Sie dann noch das Wort »Seifenkiste« erwähnen, dann werden die Kinder kaum zu bremsen sein. Sie wissen doch wohl, wie man eine Seifenkiste à la »Die kleinen Strolche« baut??? Wenn nicht, hilft vielleicht www.seifenkisten.de oder das Cover dieses Buchs.

INFORMATION
Unter www.kinder-stadt.de finden Sie für viele einzelne Städte Deutschlands jede Menge Tipps zu Ausflügen, Veranstaltungen, Hot-Spots für Kids, Öffnungszeiten, Kinderprogramm der Museen und Theater etc.

… auf den Abenteuerspielplatz: Ebenfalls ein traumhafter Ort für alle Kinder ab 6, denn hier kann man endlich das Holzhaus zimmern, für das sonst der Garten fehlt. Und supersuper: Man muss nichts mitbringen und (fast) nichts aufräumen!

… zum Indoorspielplatz: Laut, stickig, nervig. Aber Kinder (ab 4) lieben es – und wenn es drei Tage durchregnet, bieten Indoorspielplätze immerhin die Möglichkeit zum Austoben. Und wenn die Kinder abends ausgepowert und erschöpft im Tiefschlaf liegen, werden alle Väter insgeheim dem Erfinder dieser Schrecklichkeit danken.

Indooraktivität

02   PAPA ALS EXPEDITIONSLEITER

Indooraktivität

… in die Kletterhalle: Gibt es inzwischen in fast jeder Stadt, geeignet für Kinder ab etwa 6. Fragen Sie nach Schnupperstunden – und dann nichts wie hin und kraxeln und abseilen und kraxeln und abseilen – auf den Spuren von Luis Trenker und Spiderman. Wenn es allen Spaß macht, kann man vielleicht eine Zehnerkarte erwerben oder Mitglied werden und dann im Sommer auch mal am echten Berg klettern.

Indooraktivität

… in die Eishalle: Fragen Sie vorher, ob es Schlidderhilfen für kleinere Kinder gibt – dann können Sie auch schon mit den 4-Jährigen aufs Eis gehen. Sie haben keine Schlittschuhe? Das ist keine gültige Ausrede, denn die kann man dort immer leihen!

EXPEDITIONEN IN DER FANTASIE

Manchmal klappt es einfach nicht mit dem Ausflug. Zu kalt, zu nass, zu wenig Zeit, zu viel Schnupfen. Dann bleibt immer noch die Möglichkeit einer Fantasie-Expedition. Wohin? Egal! Das Ziel kann exotisch sein (Mount Everest, Nordpol, Sahara, Mond), ganz nah (Park, Strand, Schwimmbad) oder ganz und gar fantastisch (Saltkrokan, Lummerland, Taka-Tuka-Land). Packen Sie ein, was man für eine solche Reise eben braucht: Schwimmzeug, Handtücher, warme Jacken, Handschuhe, Taucherbrille – und natürlich Proviant! Und dann los. Sie starten im Kinderzimmer und der Nordpol liegt in der Küche. Oh, eine beschwerliche Reise – und warm anziehen muss man sich. Vielleicht auch ein Zelt aufbauen? (Ja, das Strandzelt kann man auch man in der Wohnung errichten!) Viele Hindernisse müssen überwunden werden (kleinen Parcours aus Stühlen und Kissen aufbauen) – und am Ende wird die Picknickdecke ausgebreitet und ordentlich geschlemmt.

Time-out | 02

TIME-OUT: BÜCHER & DVDS

Bücher

Ab 4 Immer unterwegs ist Felix von Annette Langen und Constanza Droop (Coppenrath). Felix ist ein Hase, der um die Welt reist und Briefe schreibt – Geografie für die Kleinsten. Direkt aus dem Alltag der Kinder erzählen die Bilderbücher Jan und Julia machen einen Ausflug von Margret Rettich (Oetinger) und Conni geht zelten von Liane Schneider (Carlsen).

Ab 6 Fachfrau Nr. 1 für Expeditionen und Ausflüge aller Art ist natürlich Pippi Langstrumpf. Aber Geschichten über picknicken und Höhlenbauen, Beerensuchen und Im-Heu-übernachten können auch andere Astrid-Lindgren-Helden erzählen: Die Kinder aus Bullerbü, Die Kinder aus der Krachmacherstraße oder Madita (Oetinger). Und einen Ausflug ins Museum bereiten Sie vor mit dem grandiosen Buch Peters Engel. Die Geheimsprache der Bilder von Alexander Sturgis und Lauren Child (Gerstenberg).

Ab 8 Auch bei Enid Blyton wird ständig draußen gegessen und geschlafen, alle Helden sind Profis in Sachen Expeditionen: Fünf Freunde, Die Verwegenen Vier (früher: Die Arnoldkinder) und die Abenteuer-Reihe (Bertelsmann; besser antiquarisch kaufen, die neuen Übersetzungen sind nervig modern).

DVD

Alle oben erwähnten Astrid-Lindgren-Bücher sind wunderbar verfilmt; für die Kleinsten ist Ferien auf Saltkrokan am ruhigsten. Kinder ab 6 lieben Marvi Hämmer – eine Ratte, die nachts ein Fernsehstudio aufmischt und Sachfilme von National Geographic präsentiert. Pro Folge (30 Min.) gibt es drei Expeditionen, z. B. in die Antarktis, in den Dschungel, auf einen Vulkan.

02 PAPA ALS EXPEDITIONSLEITER

SPIELEN MIT VIELEN

Kegeln

MITSPIELER mind. 3
ALTER ab 4

Was haben die Expeditionsteilnehmer wohl früher zur Entspannung gemacht? Vielleicht Poker gespielt, was allerdings für Kinder etwas öde ist. Aber Kegeln lieben sie alle – und eine kleine Kegelbahn ist auch schnell aufgebaut. Als Kegel nimmt man zum Beispiel mit Sand oder Wasser gefüllte Plastikflaschen oder Holzscheite. Wenn man einen Ball dabeihat, wird dieser zur Kegelkugel. Ansonsten kommt wieder mal das immer nützliche Seil zum Einsatz. Das eine Ende wird an einen Ast gebunden (etwa 2 m über dem Erdboden), an das andere Ende bindet man einen schweren Gegenstand: einen Stein, ein Stück Holz o. Ä., so dass man eine Art Pendel hat. Die Kegel stellt man so auf, dass sie von dem Pendel gerade so getroffen werden können.

Im Winter kann man die Kegelkugeln übrigens selbst herstellen! Dazu muss man nur Wasser in Luftballons füllen und über Nacht gefrieren lassen.

Winteraktivität

Äquatorwache

MITSPIELER mind. 6
ALTER ab 6

Ein Spielfeld wird abgesteckt und in der Mitte eine Linie gezogen: Das ist der Äquator. Ein Kind muss den Äquator bewachen und steht auf der Linie. Die anderen Kinder stehen auf der einen Seite des Spielfelds und müssen auf Kommando versuchen, über den Äquator auf die andere Seite zu laufen. Der Wächter muss versuchen, sie abzuschlagen, darf sich dabei aber nur AUF der Linie bewegen. Wenn er ein anderes Kind erwischt, gehört das ebenfalls mit zur Äquatorwache und muss auch versuchen, die Läufer abzuschlagen. Aber – ACHTUNG – alle neuen Wächter

Spielen mit Vielen 02

SPIELEN MIT VIELEN

dürfen gar nicht hin und her laufen, sondern nur mit ausgebreiteten Armen auf der Linie stehen. Je mehr Wächter den Äquator bevölkern, desto schwieriger wird es für die Läufer.

MITSPIELER mind. 6
ALTER ab 6; evtl. mit Begleitung Erwachsener
Dieses tolle Spiel für Nachtwanderungen oder Zeltnächte bedarf einer Vorbereitung: Superdad muss 5 bis 8 Reflektoren besorgen und bunte Bänder. Die Kinder werden in Gruppen aufgeteilt; jeder Gruppe wird eine Farbe zugeordnet. Pro Gruppe muss ein Band an jeden Reflektor gebunden werden. Wenn man zum Beispiel drei Gruppen hat, bekommt jeder Reflektor drei Bänder (z. B. ein blaues, ein rotes, ein gelbes). Dann marschiert Superdad los und »versteckt« die Reflektoren innerhalb eines bestimmten Radius. Wobei sie schon durch die Dunkelheit versteckt sind und nur an Bäume, Büsche etc. angehängt werden müssen. Jede Gruppe bekommt eine Taschenlampe und zieht los, um die Reflektoren zu suchen, die sie nur finden, wenn sie sie zufällig anleuchten. Entdecken sie ein leuchtendes Auge, nehmen sie »ihr« Band mit und suchen den nächsten Reflektor.
Je nach Alter der Kinder und je nachdem, wo Sie diese besondere Rallye ansiedeln, sollten die Gruppen vielleicht von Erwachsenen begleitet werden.

Augen leuchten in der Dunkelheit

II   BASICS

BASICS FÜR SUPERDADS

Natürlich gibt es viiieele Dinge zu beachten, wenn man mit Kindern unterwegs ist. Und Sie kennen Ihr eigenes Kind am besten. Trotzdem können folgende Grundregeln für einen rundum gelungenen Nachmittag ganz hilfreich sein.

Immer ein Erste-Hilfe-Set dabeihaben: Die gibt es zum Beispiel in der Apotheke. Eine Grundausstattung an Pflastern und Verbänden sollte man greifbar haben – vor allem, wenn es auf Ausflüge und Abenteuertouren geht. Sicherheitshalber mal vorher www.kindersicherheit.de studieren.

Nicht ohne Goodies aus dem Haus gehen: Ein Wutanfall, ein Streit, eine Beule oder einfach nur ganz große Langeweile – es gibt so Situationen, die man mit Gummibärchen, einem Lolli, Tattoo oder Flummi hervorragend retten kann. Und manchmal MUSS es der Lieblingsteddy sein: Unentbehrliche Kuscheltiere sollte man nie vergessen – aber dann auch besonders gut auf diese aufpassen (siehe S. 115)!

Lieder singen: Singen ist lustig, vertreibt Langeweile und schlechte Laune. Kaufen Sie sich eine Mundorgel, am besten mit CD. Darin finden Sie bestimmt Songs aus Ihrer Kindheit und Jugend wieder, Stichwort Lagerfeuer (und übrigens auch die Lieder aus unseren Kapitelüberschriften: Kaperfahrt & Co.). Sie halten sich für unmusikalisch? EGAL! Das merken Kinder gar nicht, und im Wald oder Auto hört es doch sonst keiner. Fest steht: Niemand kann besser Nonsens-Lieder erfinden als Papa. Zu bekannten Melodien einfach Quatsch drauflossingen – Ihr kleines Publikum wird sich weglachen, garantiert.

Basics für Superdads II

Logbuch führen: Das klingt ein bisschen nach Streber. Aber gerade Kinder, die ihren Papa nicht so oft sehen, freuen sich, gemeinsame Alben anzulegen – mit Fotos, eingeklebten Fundstücken und kleinen Texten. Wichtig ist: Sie müssen Initiative zeigen und auch selbst mitmachen!

Gummistiefel & Co.: Wohin wollen Sie? Wie ist das Wetter? Wie könnte das Wetter werden? Insbesondere die letzte Frage sollte man vor jedem Ausflug stellen und entsprechende Kleidung mitnehmen. Zum Spielen generell Sachen, die dreckig werden dürfen. Wenn Regen droht, auf jeden Fall Gummistiefel und Regenjacke einpacken. Wenn abenteuerliche Unternehmungen geplant sind, in denen Wasser eine Hauptrolle spielt, immer Ersatzklamotten mitnehmen.

Für ausreichend Proviant sorgen: Packen Sie lieber ein Sandwich zu viel ein – wenn Sie auf der Rückfahrt vom Spaßbad im Stau stecken bleiben oder der Staudammbau drei Stunden mehr in Anspruch genommen hat, als Sie dachten, sind Sie mit Extraproviant der Superheld für Ihre Kinder. Vor allem etwas zu trinken (eine Flasche Wasser reicht vollkommen) sollte man immer in der Hinterhand haben.

Fernseher erlaubt (manchmal): Ihr Sohn hat noch zwei Freunde zu Besuch, und alle toben über Tisch und Bänke, die Kinder streiten sich, und Sie müssen gleichzeitig kochen, oder Sie brauchen nach zwei Stunden Galgenraten selbst eine Pause – in solchen Situationen darf man getrost auf die Erfindung namens Fernseher zurückgreifen. Aber wirklich in Maßen und am besten mit einer DVD, die dem Alter der Kinder angemessen ist (siehe DVD-Tipps).

03 PAPA ALS FORSCHER

GRAD

ERFOLGSBAROMETER
Steht dann auf HOCH, wenn…
… die Kinder Ihnen morgens eine Handvoll Regenwurmbabys ans Bett bringen und ihren Berufswunsch von Feuerwehrmann bzw. Primaballerina in Biologe bzw. Tierärztin ändern.

WETTERABHÄNGIGKEIT
Mittel. Krabbeltiere und Wolken müssen natürlich draußen erforscht werden, aber ansonsten gibt es ja auch noch das Labor.

KREATIVITÄTSFAKTOR
Gering. Hier geht es um Naturwissenschaften, nicht um Kunst. Es zählt eher Unerschrockenheit als Kreativität.

MÄNNLICHES KNOW-HOW
Hoch. Sie müssen sich schon trauen, einen Frosch anzufassen. Wie Sie einen Minivulkan aus dem Eff-eff erschaffen können, lernen Sie in diesem Kapitel.

03 PAPA ALS FORSCHER

DIE WISSENSCHAFT HAT FESTGESTELLT …

Mit Regenwürmern und Fröschen hat man als Erwachsener nicht viel am Hut. Über Stromleitungen denkt man höchstens mal nach, wenn man die neue IKEA-Lampe anschließt, und Wetterbeobachtungen beschränken sich meistens auf die Vorhersage nach der Tagesschau. Kinder hingegen finden Regenwürmer faszinierend, und zu einem Gewitter haben sie tausend Fragen. Und so waren Sie doch auch mal – früher! Jetzt dürfen Sie sich wieder mit den Fragen der Naturwissenschaftler beschäftigen. Sie brauchen ein Vorbild? Hier sind zwei: Peter Lustig und Daniel Düsentrieb. Forscherkittel an, Brille auf und los!

NATURFORSCHER

Alle Kinder wünschen sich ein Tier. Die meisten bekommen keins – und stürzen sich deshalb umso begeisterter auf alle Tiere, derer sie habhaft werden können. Und das sind Marienkäfer, Regenwürmer, Raupen, Asseln, Spinnen. Den spitzen »iiiiiieeeeehh!«-Schrei wird man von Kindern nur selten hören; auch Mädchen fassen ungerührt alles an, was kreucht und fleucht. Ihre Mütter hingegen weniger – und deshalb ist Papa hier ganz besonders gefragt.

ACHTUNG

Alle Tiere sollten nach Beendigung der Beobachtungen wieder freigelassen und dort ausgesetzt werden, wo man sie eingesammelt hat!

Botanisiertrommel basteln
MATERIAL Dose mit Deckel (alte Kaffeedose o. Ä.), Kordel, Handbohrer
ZEITAUFWAND ca. 15 Min.
ALTER ab 4 (Löcher bohren muss Papa)

Der Begriff ist ein bisschen aus der Mode gekommen, aber in der einschlägigen Literatur hat jedes Kind so eine Botanisiertrommel. Kaufen kann man die Dinger in Zeiten von Becherlupe & Co. sowieso nicht mehr, aber selbst bauen: Papa bohrt zwei Löcher in die Wand einer alten Dose und bindet eine Schnur zum Umhängen an. Fertig. Und nun kann man in der Botanisiertrommel seine Funde aus der Natur sammeln. (Für Regenwürmer usw. in den Deckel noch viele kleine Löcher bohren – damit die Kollegen nicht ersticken.)

Ein Winterheim für Igel
MATERIAL etwa 15 Ziegelsteine o. Ä., Steinplatte (ca. 30 x 40 cm), Dachpappe
ZEITAUFWAND ca. 30 Min.
ALTER ab 4

Obwohl sie so pieksig sind, finden alle Kinder Igel »süüüß«! Sie werden daher begeistert einen Unterschlupf für die Tiere bauen – und Sie sollten helfen, denn damit stehen Sie praktisch auf einer Stufe mit Daktari!
Erst mal brauchen Sie ein ruhiges Plätzchen, am besten im eigenen Garten. Hier dürfen die Kinder eine Umrandung aus Ziegelsteinen errichten (ca. 30 x 40 cm, 10–15 cm hoch) – Eingang frei lassen! Darauf wird eine Steinplatte gelegt, darauf ein Stück Dachpappe, das mit Steinen oder Erde beschwert wird. Damit es der Igel gemütlich hat, legen die Kinder noch ein bisschen Laub in das Häuschen.

Regenwurmfarm anlegen
MATERIAL ein hohes Glas mit Deckel (mind. Ø 10 cm)
ZEITAUFWAND ca. 20 Min.
ALTER ab 4

Regenwürmer graben den Garten um. Aber wie genau sieht das aus? Um das zu erforschen, können sich auch schon kleine Kinder eine eigene Regenwurmfarm anlegen. Dazu wird ein hohes Glas mit verschiedenen Erdschichten gefüllt: erst einige Zentimeter Erde, dann Sand, dann Lehm, dann

ACHTUNG
Abgemagerte Igel bekommen niemals Milch! Es gibt spezielles Igelfutter, mit dem man sie aufpäppeln kann. Im Zweifelsfall das Tierheim oder den Naturschutzverein um Rat fragen.

03 PAPA ALS FORSCHER

wieder Erde usw. Obendrauf werden einige Regenwürmer gelegt und mit Obstresten, Kaffeesatz und zerkrümelten Blättern bedeckt. Etwas Platz lassen, Deckel drauf, an einen dunklen Ort stellen und abwarten. Nach einigen Tagen werden die Kinder beobachten, dass ihre neuen Haustiere das Laub und die Obstreste zerkleinern und nach unten ziehen. Außerdem werden Gänge erkennbar sein. Wenn man etwas Wasser in das Glas gießt, kommen die Regenwürmer nach oben. Aufwendiger, aber forschermäßiger wird die Farm, wenn man zwei Glasscheiben im Abstand von ca. 5 cm voneinander aufstellt, mit zwei Brettchen links und rechts abdichtet und dann wie o. a. mit Erde etc. befüllt.

Schmetterlingsnetz (Kescher) bauen
MATERIAL Gazestoff oder Tüll (ca. 80 x 80 cm), Schweißdraht (ca. 3 mm Durchmesser und 1 m lang; gibt es im Baumarkt), Holzstab (z. B. Bambus, ca. 1 m lang), Tacker, Blumendraht, Klebeband
ZEITAUFWAND ca. 40 Min.
ALTER ab 6

SUPERPAPA

… will Schmetterlinge & Co. natürlich ganz genau beobachten und stellt dafür ein Lockmittel her: Banane und Zucker erhitzen, bis eine klebrige Masse entsteht. Diese Masse auf einen Teller streichen und abwarten, bis die hungrigen Falter angeflogen kommen.

MacGyver kann natürlich auch mit einer Nähmaschine umgehen. Wenn Sie es nicht können, gibt es zwei Möglichkeiten: Entweder Sie fragen Ihre Perle, ob sie beim Netzbau hilft, oder Sie nehmen immer, wenn im Folgenden »nähen« steht, Ihren Tacker. Geht auch, wird aber nicht so hübsch. Also: Zunächst muss der Stoff an einer Kante etwa 5 cm umgenäht werden, so dass ein beidseitig offener »Tunnel« entsteht. Dann übereinanderlegen, an den Seiten und unten zusammennähen, den Schweißdraht oder Weidenzweig durch den Tunnel ziehen. Anschließend den Draht zu einem Kreis biegen und die Drahtenden mit Blumendraht am Stab befestigen. Zur Sicherheit noch mit Klebeband umwickeln. Jetzt dürfen die kleinen Forscher Insekten oder Fische fangen und studieren.

Naturforscher 03

Strukturen sammeln
MATERIAL stabiles Papier, dicke Buntstifte oder Wachsmaler
ZEITAUFWAND je nach Ausdauer
ALTER ab 4

Puh, jetzt haben Sie aber alles durch? Regenwürmer gesammelt, Schmetterlingsnetz getackert und einen Igel-Unterschlupf gebaut? Zeit für eine Papa-Pause! Drücken Sie den zu bespaßenden Kindern je ein oder mehrere Blatt Papier und einen Stift in die Hand und schicken Sie sie auf Strukturen-Suche! Dafür wird das Blatt auf einen Baumstamm, ein Stück Weg, eine Wand, ein altes Brett, ein Blatt etc. gelegt und der Untergrund vorsichtig durchgerubbelt. So entstehen tolle Bilder – und Papa muss raten, welches Bild zu welchem Untergrund gehört. Geht natürlich auch umgekehrt, dann muss Papa malen und die Kinder raten.

Nurdachhaus für Vögel
MATERIAL 2 Holzbretter und Dachpappe (je 20 x 30 cm), 1 Brett 20 x 40 cm (Bretter jeweils ca. 5 mm stark), Säge, kleine Nägel oder Holzleim, evtl. 1 Pfahl zum Aufstellen
ZEITAUFWAND ca. 1 Std.
ALTER ab 6

Ein »Must-Have« für den Winter mit naturforschenden Kindern. Im Baumarkt gibt es natürlich fertige Vogelhäuschen oder auch Bausätze – beides ist aber nicht ganz billig und außerdem unsportlich! Superdad baut selbstverständlich selbst und lässt sich von den Kindern tatkräftig unterstützen. Falls Sie keine architektonischen Ambitionen haben, sollten Sie vielleicht mit einer einfachen Vogelhütte anfangen: Zwei Holzbretter im Winkel als Dach und ein Brett unten quer als Boden – ein Nurdachhaus eben. Die oben angegebenen Brettgrößen sollen nur Richtwerte sein; es steht Ihnen völlig frei, wie viel Platz Sie den Amseln und

Winteraktivität

ACHTUNG

Das Vogelhaus muss so an einen Ast gehängt oder auf einem Pfahl befestigt werden, dass es auf keinen Fall von Katzen erreicht werden kann!

03 PAPA ALS FORSCHER

Indooraktivität

Meisen einräumen. Die Bretter werden einfach mit kleinen Nägeln zusammengenagelt oder noch einfacher: mit Holzleim geklebt. Das Bodenbrett muss an den Seiten mit der Säge angeschrägt werden (siehe Abb.). Zum Schluss wird die Dachpappe festgenagelt. Achten Sie weniger auf eine preisverdächtige Optik als vielmehr darauf, dass die Kinder möglichst viel selbst machen: Nägel reinschlagen oder die Hütte mit Acryllack anmalen (aber nicht den Boden, von dem die Vögel picken!).

Vogelfutter I
MATERIAL Haferflocken, Weizenkleie, Sonnenblumenkerne, klein gehackte Nusse u. Ä. (insgesamt 2 Tassen), 1 Tasse Kokosfett (Supermarkt; bei der Margarine), kleiner Tonblumentopf oder eine halbe Kokosnussschale, Schnur
ZEITAUFWAND ca. 1 Std.
ALTER ab 4 (wenn Papa den Herd gut bewacht)

Meisenknödel kaufen kann jeder, aber selbst gekochtes Vogelfutter ist natürlich der Hammer. Und wenn Sie statt Rindertalg (besorgen sich Profi-Futterköche in der Schlachterei) Kokosfett nehmen, stinkt es auch nicht so bestialisch. Das Kokosfett wird in einem Topf erwärmt, bis es schmilzt. Dann die Futtermischung unterrühren und etwas erkalten lassen. Währenddessen wird die Schnur an einen kleinen Stock gebunden und durch das Loch des Tontopfes gefädelt, so dass er umgekehrt am Baum baumeln kann. In die Kokosnussschale kann man am Rand ein Loch bohren und die Schnur festknoten. Dann wird die noch weiche Futtermischung in den Blumentopf oder die Kokosnussschale gefüllt. Wenn die Masse ganz kalt ist, kann man die Futterglocke draußen aufhängen (wieder daran denken, dass die Katze nicht drankommt!).
Wenn noch was übrig ist von der Masse: Vögel freuen sich auch über ein Amuse-Gueule, serviert in Walnussschalen ...

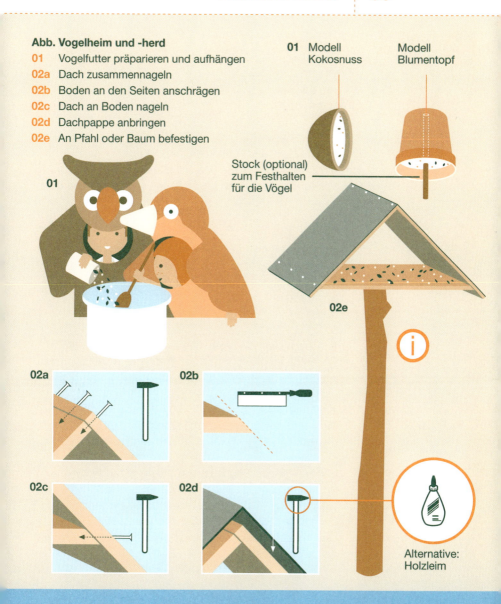

03 PAPA ALS FORSCHER

Indooraktivität

Vogelfutter II
MATERIAL Erdnüsse mit Schale, Hagebutten, fester Faden, (Stopf-)Nadel
ZEITAUFWAND ca. 20 Min.
ALTER ab 4

Ihre Tochter wird garantiert begeistert sein, wenn Sie ihr vorschlagen, eine Futterkette für die Vögel aufzufädeln. Dazu werden Erdnüsse und selbst gesammelte Hagebutten abwechselnd auf einen festen Faden aufgefädelt und dann an einen Baum gehängt.

Indooraktivität

Mini-Treibhaus
MATERIAL Blumentopf, Blumenerde, durchsichtige Plastiktüte (etwa doppelt so hoch wie der Topf), Samen (z. B. von Zucchini, Tomaten, Gurken, Apfelsinenkerne)
ZEITAUFWAND ca. 20 Min.
ALTER ab 4

Angeblich steckt in jedem Mann ein Hobbygärtner (von wegen Baum pflanzen und so). Wenn der Frühling kommt, können Sie Ihre Talente hier ausleben und mit den Kids ein paar Pflanzen für den Garten und Balkon vorziehen – in einem Mini-Treibhaus:
Dazu wird der Blumentopf mit Erde gefüllt, da rein steckt man etwa 2–4 Samenkörner (für Abstand und Tiefe Packungsbeschriftung beachten) und gießt so lange, bis die Erde gleichmäßig feucht ist. Nun wird der Topf in die Plastiktüte gesteckt und diese oben zugebunden. Ab damit auf eine möglichst sonnige Fensterbank und immer schön beobachten. Wenn die Pflanzen die ersten Blätter entwickelt haben, können sie (wenn es warm genug ist) ins Freie gepflanzt werden.

Naturforscher 03

Abb. Die neun ultimativen Tierspuren

Hase

Krähe

Marder

Einhorn

Dachs

Reh

Eichhörnchen

Hund

Maus

Die besten Spuren findet man im Schnee! Ansonsten sollte man auf schlammigen, feuchten Böden suchen (am Rand von Gewässern oder neben Waldwegen). Profis messen die Spuren aus und fotografieren sie.

03 PAPA ALS FORSCHER

WETTERFORSCHER

»Hoffentlich wird das Wetter gut!« Das ist ein typischer Erwachsenensatz. Kindern ist das Wetter ziemlich egal – was aber nicht heißt, dass man sie nicht für Wetterphänomene interessieren kann. Im Gegenteil: Gewitter finden sie faszinierend, Wetterfrösche lustig und Schnee ohnehin super. Werden Sie mit Ihren Kindern doch mal zum Wetterforscher – für (fast) jedes Wetter gibt es nämlich die richtige Beschäftigung!

Indooraktivität

Wetterfahne
MATERIAL kleiner Pappbecher, eine Handvoll Knete, Tonpapier, Bleistift mit Radiergummi obendran, dicker Plastiktrinkhalm, Nadel, Schere, Tesa
ZEITAUFWAND ca. 30 Min.
ALTER ab 6

Na, woher weht der Wind? Wer's genau wissen will, baut einfach eine Wetterfahne. Dazu wird zunächst der Bleistift mit der Spitze durch die Mitte des Becherbodens gebohrt. Die Knete wird so platt gequetscht, dass man den Becher (Boden nach oben!) daraufdrücken kann – jetzt steht er fest. Dann vier kleine Dreiecke aus Tonpapier ausschneiden, mit den Himmelsrichtungen beschriften und in den Knetrand drücken.
Nun wird die Fahne präpariert. Dazu muss man an beiden Seiten des Trinkhalms je einen kleinen Einschnitt machen. Zwei etwas größere Dreiecke aus dem Tonpapier ausschneiden und in die Schlitze stecken. Dann wird in der Mitte des Halms die Nadel durchgepiekst und mit der Spitze in das Bleistiftradiergummi gedrückt.
Jetzt muss die Wetterfahne nur noch mit einem Kompass nach den Himmelsrichtungen ausgerichtet werden – und schon weiß man immer, woher der Wind weht!

Wetterforscher 03

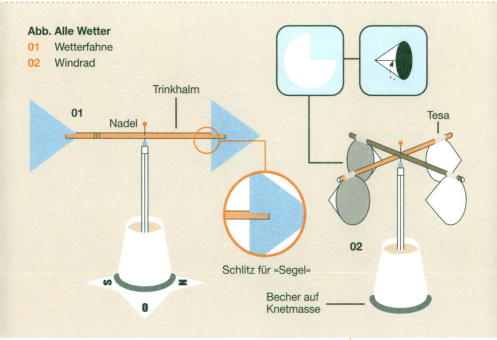

Abb. Alle Wetter
01 Wetterfahne
02 Windrad

Windrad

MATERIAL kleiner Pappbecher, eine Handvoll Knete, (buntes) Tonpapier, Bleistift mit Radiergummi obendran, 2 dicke Plastiktrinkhalme, Nadel, Schere, Tesa, evtl. Schnur, evtl. Tacker
ZEITAUFWAND ca. 30 Min.
ALTER ab 6

Windräder für Kinder gibt es en masse: bunt, lustig, mit Tieren etc. Aber ein Windrad, das richtig wetterforschermäßig aussieht, hat garantiert keiner – und dabei ist es wirklich leicht zu bauen.
Zunächst wird wie bei der Wetterfahne (s. o.) verfahren: Bleistift in Becher, Becher auf Knete fixieren. Dann werden aus

03 PAPA ALS FORSCHER

INFORMATION
Wenn Sie mit Fachwissen punkten wollen: Genaue Erläuterungen zu den Beaufortwerten finden Sie z. B. unter www.seewetter-info.de / beaufortskala.html.

Winteraktivität

dem Tonpapier vier Kreise (ca. 10 cm) ausgeschnitten und zu Chinesenhütchen geformt: Ein Viertel aus jedem Kreis rausschneiden, zusammenschieben und festkleben. Dann werden die beiden Trinkhalme über Kreuz befestigt (einfach mit Tesa oder zünftig mit Schnur) und an ihren Enden die kleinen Hütchen befestigt (kleben oder tackern). Auch hier die Nadel durch das Trinkhalmkreuz stechen und oben in das Bleistiftradiergummi stecken.
So in etwa sehen auch echte Windmesser (»Anemometer«) aus, mit denen die Windgeschwindigkeit gemessen wird. Die Maßeinheit heißt »Beaufort« und reicht von 0 (= windstill) bis 12 (= Orkan).

Schneekristalle unter der Lupe
MATERIAL Lupe, dunkles Tuch oder Teller
ZEITAUFWAND 2 Min. oder bis die Kinder eine Schneeballschlacht fordern
ALTER ab 4

Wenn es schneit, sollte man sich mal die Mühe machen, ein paar Schneeflocken zu fangen und sie mit der Lupe zu betrachten. Am besten geht das auf einem dunklen Tuch oder auf einem (dunklen) Teller, der vorher im Kühlschrank (noch besser: Gefrierfach) gekühlt wurde. Dann schmelzen die Schneeflocken nicht gleich, und die Kinder können mit der Lupe sehen, dass jede Flocke anders aussieht, aber immer irgendwie an einen sechszackigen Stern erinnert. Jede Flocke besteht übrigens aus etwa 200 Eiskristallen! Wieder im Warmen sollten Sie gleich Papier, Bleistift und Schere an die Kinder verteilen. Mit einem kleinen Trick (siehe Anhang) können nämlich auch die Kleinen ganz einfach wunderschöne Schneeflocken ausschneiden. Tolle Deko fürs Kinderzimmerfenster, und vielleicht wird ja sogar Ihr Ehrgeiz geweckt, nach dem Motto »Papa sucht die Superschneeflocke«.

Wetterforscher 03

Barometer

MATERIAL leeres Marmeladenglas oder Schüssel, Luftballon, Gummiband, Trinkhalm, Stück Pappe (ca. 10 x 25 cm), Tesa, Holzklotz o. Ä., Bleistift
ZEITAUFWAND ca. 40 Min.
ALTER ab 6

Fürs Wetter gilt: hoher Luftdruck = schönes Wetter, niedriger Luftdruck = schlechtes Wetter. Anschaulich wird das, wenn Papa ein einfaches Barometer bauen lässt: Den Luftballonhals abschneiden, den Rest über das Glas spannen und mit einem Gummiband fixieren. Den Trinkhalm auf die Ballonhaut kleben, so dass er wie ein Zeiger über den Rand herausragt. Das Pappstück wird nun senkrecht neben diesem Zeiger aufgestellt (an einem Holzklotz o. Ä. befestigen, damit es nicht umfällt!). Jetzt zeichnen die Kinder jeden Tag dort einen Strich, wo der (Trinkhalm-)Zeiger hinzeigt. Bald werden sie sehen, dass der Zeiger bei gutem Wetter etwas nach oben wandert. Denn der höhere Druck der Umgebungsluft drückt auf die Ballonhaut und lässt die Trinkhalmspitze nach oben zeigen. Bei niedrigerem Außendruck dehnt sich die Luft im Glas aus und lässt den Zeiger nach unten sinken.

Nach dieser Erkenntnis können die Kinder oben auf die Pappe eine Sonne malen und ans untere Ende der Skala eine Regenwolke – fertig ist das Barometer!

Tannenzapfen-Hygrometer

Ein Tannenzapfen kann die Luftfeuchtigkeit anzeigen! Wenn es warm und trocken ist, öffnen sich die Schuppen – weil sie jetzt optimale Bedingungen zum Wachsen haben. Wenn es feucht und kühl ist, bleiben die Schuppen verschlossen – weil die Samen sonst verfaulen würden. Suchen Sie einen Tannenzapfen mit den Kindern und stellen Sie dieses kleine Hygrometer (ein Feuchtigkeitsmesser) auf den Balkon!

SUPERPAPA

… kann natürlich auch so was Abstraktes wie Luftdruck erklären, indem er an das nervige Gefühl im Ohr erinnert, wenn das Flugzeug steigt oder sinkt. Und indem er das beeindruckende Experiment von S. 109 vorführt.

03 PAPA ALS FORSCHER

SUPERPAPA
… kennt natürlich den Trick, mit dem man ausrechnet, wie weit das Gewitter noch weg ist: Die Sekunden zwischen Blitz und Donner zählen, das Ergebnis durch drei teilen – und schon haben Sie die Entfernung in Kilometern. Wetten, dass Ihre Kinder sehr beruhigt sind?

Wolkenkunde

Jetzt mal im Gras ausstrecken und ein bisschen ausruhen? Nix da. »Papa, mir ist langweilig!«, tönt es schon wieder qualvoll. Zeit für eine kleine Wolkenkunde. Dabei können Sie immerhin liegen bleiben und zusammen mit den Kindern in den Himmel gucken. Drei Grundarten Wolken gibt es, bestimmt ist eine davon gerade zu entdecken:
Schönes Wetter und nur ein paar fedrige Wölkchen? Gut! Das sind »Cirruswolken«. Sie bilden sich sehr weit oben und bringen nie Regen.
Der Himmel ist bedeckt, aber die Wolkenschicht ist ganz weit oben? Ein Tiefdruckgebiet hat für »Stratuswolken« (genauer: »Altostratus«) gesorgt; nicht gut fürs Gemüt, aber Regen ist aus ihnen kaum zu erwarten. Anders, wenn der graue Himmel tief hängt: Dann wird's ungemütlich!
Die Wolken sehen aus wie Schäfchen? Gibt es oft bei gutem Wetter: Die warme Luft steigt nach oben und bildet die »Kumuluswolken«. Aber wenn sie sich auftürmen wie Berge, droht meist Regen oder sogar Gewitter.

Wetterbedingte Orientierungshilfen

Hat James Bond etwa eine Karte dabei, wenn er mitten im Wald aus dem Hubschrauber geworfen wird? Nein. Aber nicht nur schlaue Agenten können ohne Karte die Himmelsrichtungen benennen: Einzeln stehende Bäume sind bei uns an der Nordwestseite häufig mit Moos bewachsen, weil der Wind und damit auch der Regen meist aus Nordwesten kommen. Deshalb sind an dieser Seite auch die Äste kürzer und zerzaust vom Wind.
Wenn man beim Wandern an einem frei stehenden Baumstumpf vorbeikommt, sollte man diesen genau inspizieren: An einer Seite sind die Jahresringe immer dicker, weil der Baum auf der Südseite mittags von der dann sehr warmen Sonne beschienen wird und daher an dieser Seite stärker wächst.

ESSEN FÜR FORSCHER

Forscher haben eigentlich keine Zeit zum Essen. Onkel Quentin von den Fünf Freunden hat sein Dinner immer vergessen über all seinen Forschungen und Versuchen. Echte Wissenschaftler ernähren sich wahrscheinlich von Fastfood – eine Ausnahme-Runde zum Imbiss sei also erlaubt. Aber zum Nachtisch sollten Sie mit Ihren Kindern ein herrlich ekliges Dessert bereiten, das Mama garantiert erschauern lässt und bei den Köchen Kicherattacken hervorruft.

Wackelpudding à la Verrückter Professor
Zutaten: mindestens eine Packung Instant-Wackelpudding; für mehrere Kinder auch gerne in verschiedenen Farben, kleine Tiere aus Plastik oder Weingummi
Zubereitung: Wackelpudding nach Vorschrift zubereiten. Dann gibt es mehrere Möglichkeiten: Am einfachsten ist es, je ein Plastiktier z. B. in ein Trinkglas zu legen, den Wackelpudding draufzugießen und erkalten zu lassen. Sieht schon mal aus wie Spinne in Formaldehyd. Wenn der Pudding erstarrt ist, kann er aus dem Glas gelöffelt werden. Oder man stürzt ihn vorher noch auf einen Teller (zum richtigen Stürzen Anweisungen auf der Packung beachten!). Dann kann man auch mit verschiedenen Formen experimentieren und versuchen, das Tier mittig im Wackelpudding zu platzieren (an einen dünnen Faden binden, den Faden an einem über das Glas gelegten Stift o. Ä. befestigen).
Auf ähnliche Weise lassen sich auch gruselige Eiswürfel für Forschersäfte zubereiten: Einfach die Tierchen in den Eiswürfelbehälter legen, Wasser drauf, gefrieren lassen. Und wie viel Spaß macht es erst, diese Eiswürfel auch mal Tante Uschi in den Prosecco zu schmuggeln!

03 | PAPA ALS FORSCHER

FORSCHEN IM LABOR

Experimente – schon das Wort klingt nach Daniel Düsentrieb, Yps-Heft und Knallgasprobe. An langen Winternachmittagen oder verregneten Sommertagen richten Sie sich und Ihren Kinder ein kleines Labor ein – am besten in der Küche, denn oft braucht man Wasser oder Schüsseln oder andere Haushaltsgegenstände. Und stimmen Sie die Kinder ruhig ein: mit einer kleinen Geschichte oder einer Beobachtung im Alltag, die durch das Experiment erklärt wird. Ihre Frau sperren Sie am besten aus, denn einige Experimente sind wild und gefährlich und manchmal schön eklig…

Gummibärchen auf Tauchgang

MATERIAL leere Aluminiumhülle eines Teelichts, zwei Gummibärchen, ein Glas, eine Glasschüssel
ZEITAUFWAND ca. 10 Min.
ALTER ab 4

Für den Anfang etwas Einfaches, das aber schon die Kleinen beeindruckt: Können Gummibärchen unter Wasser tauchen, ohne nass zu werden? Dazu bereitet man den beiden Bären erst mal ein gemütliches Bett in der Teelichthülle (vielleicht mit einem Taschentuchfetzen zudecken – je mehr Zauber, desto mehr Begeisterung) und setzt sie vorsichtig in die mit Wasser gefüllte Schüssel. Dann das Glas darüberstülpen und ganz gerade unter Wasser auf den Schüsselboden drücken (siehe Abb. S. 107). Die Bärchen steigen auf dem Wasser im Glas in die Tiefe. Das Ganze funktioniert natürlich auch im Waschbecken oder in der Badewanne, aber in einer Glasschüssel lässt sich das Phänomen besser beobachten.

> ERKLÄRUNG Das Glas ist ganz mit Luft gefüllt, die nicht herauskann. Für das Wasser ist kein Platz.

Forschen im Labor | 03

Stromboli

MATERIAL eine große, flache Schale (z. B. Auflaufform), Wasser, rote Lebensmittelfarbe, Röhrchen mit 3 Vitamintabletten, Sand (evtl. vom Spielplatz stibitzen)
ZEITAUFWAND ca. 20 Min.
ALTER ab 6

Sie können sich zusammen Jules Vernes »Reise zum Mittelpunkt der Erde« als Hörspiel anhören – danach sind die Kinder bestimmt neugierig auf Lava und Eruption!
Zuerst wird das Wasser mit Lebensmittelfarbe rot gefärbt, damit es mehr nach Lava aussieht. Den Sand so um das Röhrchen mit den Vitamintabletten schichten, dass eine Vulkanform entsteht und nur die Rohröffnung als Krater frei bleibt. Wenn man jetzt Wasser in die Flasche gießt, bricht der Vulkan aus! Für einen größeren Effekt kann man statt des Röhrchens eine kleine PET-Flasche nehmen, sie halb mit Natron (Drogerie oder Apotheke) füllen und rot gefärbten Essig draufgießen.
> ERKLÄRUNG In beiden Fällen entstehen Kohlendioxidblasen, die die Flüssigkeit aus dem Gefäß nach oben pressen.

Abb. Stromboli
01a Sandvulkan um Tablettenröhrchen bauen
01b Flüssigkeit in das Röhrchen gießen (evtl. mit Hilfe eines Trichters)
01c Eruption abwarten

03 PAPA ALS FORSCHER

Schnellboot
MATERIAL leerer Tetrapak (mit quadratischer Grundfläche), Luftballon, Schere
ZEITAUFWAND ca. 20 Min.
ALTER ab 4

Vielleicht haben Sie früher davon geträumt, mit Ihren Kindern ferngesteuerte Boote zu Wasser zu lassen. Zur Übung könnten Sie es erst mal mit diesen Schnellbooten versuchen – die sind billig, aber man kann damit unglaublich viel Spaß haben – nicht nur am See, auch und gerade in der Badewanne.
Der Tetrapak muss längs halbiert und dann gründlich ausgespült werden. In das flache Ende wird ein möglichst kleines Loch geschnitten – so dass gerade eben das Ende eines Luftballons durchpasst. Der wird nun aufgepustet, am Ende zugedrückt und durch das Loch gestopft (siehe Abb. S. 106). Dann das Boot zu Wasser und den Ballon loslassen. »Ziiiiisch« macht der Luftballon, und die Milchtüte düst ab. Für eine Wettfahrt bastelt man mehrere Boote, schreibt Namen auf die Tetrapaks und bestückt sie mit verschiedenfarbigen Ballons.
> ERKLÄRUNG Eigentlich hat das was mit dem Impulserhalt zu tun – aber erzählen Sie das mal Ihrer 5-jährigen Tochter ... Im Grunde dasselbe Prinzip wie beim Raketenantrieb im Weltall: Die heftig ausströmende Luft funktioniert als Schubkraft.

Apollo 13
MATERIAL leere Filmdose, Vitaminbrausetablette
ZEITAUFWAND ca. 10 Min.
ALTER ab 4

Die NASA lässt auch nicht im Hangar starten, deshalb müssen Sie für dieses Experiment ebenfalls ein Freiluftgelände

SUPERPAPA
... will natürlich, dass die Filmdose auch nach Mondrakete aussieht und lässt die Kinder drei dreieckige »Flügel« aus Tonpapier ankleben (= das Leitwerk!). Tatsächlich fliegt die Rakete dann auch höher und besser!

suchen. Die Kinder füllen die Filmdose zu drei Vierteln mit Wasser, dann übernimmt der Chef der Bodenstation (= Papa): Eine halbe Brausetablette in die Dose werfen und sofort mit dem Deckel verschließen. Dose auf den Kopf stellen und in Deckung gehen. 3, 2, 1, ignition! Die Filmdose schießt in die Luft. Größere Kinder können das Experiment natürlich auch allein durchführen. Lassen Sie sie mal die Wassermenge und/oder die Größe der Brausetablettenstücke verändern.

> **ERKLÄRUNG** Auch hier bilden sich Kohlendioxidblasen, die Platz brauchen. Es entsteht ein Überdruck in der Dose, der den Deckel abfliegen und die Dose nach oben schießen lässt.

Fiese Würmer

MATERIAL 3 Teelöffel Puderzucker, 1 Teelöffel Natron (gibt es in Drogerien oder Apotheken), Spiritus oder Feuerzeugbenzin, Streichhölzer
ZEITAUFWAND ca. 20 Min.
ALTER ab 6

Wetten, dass Ihre Kinder gar nicht genug bekommen von diesen Würmern? Und Sie sind der verrückte Professor, der die Monsterteile mit ihnen zum Leben erweckt – wow. Puderzucker und Natron mischen und auf einer feuerfesten Unterlage (oder auf trockenem Sand) leicht anhäufeln. 2 bis 3 Teelöffel Spiritus daraufgeben und (vorsichtig!!) anzünden. Kinder aus dem Weg, denn wenn man Spiritus anzündet, brennt es erst mal ordentlich. Aber dann: Iiiiiiiiiiieeeeehhh, schwarze Würmer winden sich aus der weißen Mischung!

> **ERKLÄRUNG** Wenn der Zucker brennt, wird er schwarz. Aus dem Natron entsteht durch die Hitze Kohlendioxid – ein Gas, das die Zuckerasche sozusagen zu einem Wurm aufpumpt.

ACHTUNG

Optimalerweise führt man dieses Experiment im Freien aus. Dazu muss es aber völlig windstill sein. Wenn die Flamme trotzdem erlischt, bevor die Würmer kriechen, waren Sie wahrscheinlich zu sparsam mit dem Spiritus.

03 **PAPA ALS FORSCHER**

Abb. Experiment Schnellboot
- **01a** Milchkarton halbieren
- **01b** Loch in Boden schneiden
- **01c** Luftballon in Karton setzen (Ende festhalten)
- **01d** Schnellboot auf Wasser setzen und Ende loslassen

Geschwindigkeit messen und den Verlauf notieren (optional)

H_2O

Forschen im Labor | 03

Abb. Bärchen-Tauchgang
- 02a Bärchen in Teelichthülle platzieren
- 02b Auf Wasseroberfläche setzen
- 02c Glas drüberstülpen
- 02d Glas senkrecht herunterdrücken

Trockene Bären   Nasse Bären

H_2O

Abb. Apollo 13
- 03a Vitamintablette in Filmdose
- 03b Deckel zu
- 03c Umdrehen
- 03d Lift off…

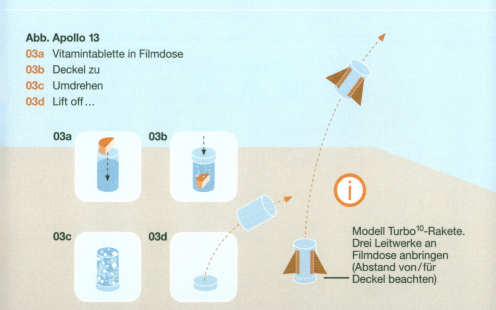

Modell Turbo[10]-Rakete. Drei Leitwerke an Filmdose anbringen (Abstand von/für Deckel beachten)

03   PAPA ALS FORSCHER

ACHTUNG
Bei den meisten Experimenten ist Vorsicht geboten. Papa sollte wirklich immer dabeistehen und genau gucken, damit niemand verletzt wird.

Bio-Kunststoff und Bio-Kleber
MATERIAL 250 ml frische Milch, 2 Esslöffel Essig, Backpulver, Topf, Gaze (o. Ä., z. B. eine Stoffwindel oder ein dünnes Tuch), Glas oder Schüssel
ZEITAUFWAND ca. 60 Min.
ALTER ab 6 (mit Hilfe)

Jetzt wird's echt speziell. Nicht empfehlenswert, wenn Sie sich vor saurer Milch ekeln. Aber wenn nicht: Die Kinder werden es lustig und interessant finden, statt Fimo mal Milch zu kneten.
Die Milch zum Kochen bringen, von der Herdplatte nehmen und sofort den Essig einrühren. Jetzt sieht es ziemlich schnell aus wie fies geronnene Milch, und es stinkt auch so. Noch ein bisschen weiterrühren und dann durch die Gaze in ein Glas oder eine Schüssel gießen. Die geronnenen Klümpchen bleiben auf der Gaze liegen. Um eine formbare Masse zu bekommen, müssen Sie (ja, leider wirklich Sie – für Kinderhände ist das Zeug noch zu heiß) noch die Restflüssigkeit rausdrücken, dazu die Gaze wie einen Waschlappen wringen. Etwas abkühlen lassen, und dann können die Kinder etwas daraus kneten. Über Nacht an einem warmen Ort durchtrocknen lassen – und man hat eine echte Bio-Plastikskulptur. Aber nicht enttäuscht sein: Fimo sieht schon besser aus… Und wenn man die Milchklumpen mit wenig Wasser und einem Teelöffel Backpulver verrührt, hat man einen tollen Papierkleber!
> ERKLÄRUNG Die Essigsäure lässt das Milcheiweiß gerinnen und bildet Kasein. Und so wurde tatsächlich das erste Plastik gemacht! Als Kleber wird Kasein immer noch verwendet, z. B. bei Etiketten auf Lebensmittelgläsern. Und die gelbliche Flüssigkeit, die übrig bleibt, nennt man Molke.

Forschen im Labor · 03

Stalaktiten und Stalagmiten
MATERIAL 2 Gläser, 2 Nägel, Wollfaden (ca. 50 cm), kleiner Teller, Salz
ZEITAUFWAND ca. 20 Min. für den Aufbau
ALTER ab 6

Tropfsteinhöhlen üben eine große Faszination auf Kinder aus. Einen klitzekleinen Tropfstein kann man sich auch selbst züchten. Vielleicht eher im Keller, denn dieser Versuchsaufbau muss einige Tage stehen bleiben.
Beide Gläser werden mit warmem Wasser gefüllt und das Salz eingerührt. Es muss so lange Salz dazu gegeben werden, bis sich dieses nicht mehr auflöst – dann ist es genug.
Die Gläser werden in einem Abstand von etwa 30 cm nebeneinander gestellt, dazwischen kommt ein kleiner Teller. Die Enden des Wollfadens werden – zur Beschwerung – an je einen Nagel gebunden und in die Gläser gehängt, so dass die Mitte etwas durchhängt. Und jetzt heißt es abwarten. Schon nach einem Tag haben sich rund um den Faden weiße Salzkristalle gebildet, nach ein paar Tagen wächst in der Mitte des Fadens langsam ein »Stalaktit« nach unten. Wenn das Experiment sehr gut läuft, bildet sich nach etwa einer Woche unten auf dem Teller sogar ein »Stalagmit«.
> ERKLÄRUNG Die Salzlösung »fließt« durch den Wollfaden und tropft auf den Teller. Irgendwann verdunstet das Wasser. Die Kristalle bleiben und bilden kleine Salzskulpturen – wie in einer echten Tropfsteinhöhle.

Luft hat Kraft!
MATERIAL Glas mit glattem Rand, Stück Pappe, Wasser
ZEITAUFWAND 2 Min.
ALTER ab 4

Dieses Experiment ist so verblüffend, dass es auch als Zaubertrick taugt. Ein Glas wird randvoll mit Wasser gefüllt. Die

03 PAPA ALS FORSCHER

Pappe (z. B. eine Postkarte) wird glatt daraufgelegt (dabei schwappt evtl. etwas Wasser über, und vielleicht geht im Folgenden auch mal was schief; also für die ersten Versuche eine Schüssel unterstellen oder das ganze Experiment übers Waschbecken oder gar in die Badewanne verlegen). Nun die Pappe festhalten und das Glas umdrehen. Pappe loslassen – und das Wasser bleibt im Glas!

> ERKLÄRUNG Der Luftdruck presst die Pappe nach oben; er ist tatsächlich stark genug, um das nach unten drängende Wasser im Glas zu halten. Und hier eine Zahl für Forscher-Dad: Das Wasserglas dürfte theoretisch 9,81 m hoch sein, und der Luftdruck wäre immer noch stark genug, um das Wasser drinzuhalten. Ist das Glas höher, drückt das Wasser stärker als die Luft.

Die befreite Münze
MATERIAL Teller (20–30 cm), Trinkglas, Münze, Papier, Streichhölzer
ZEITAUFWAND 5 Min.
ALTER ab 4 (zum Zugucken; ab 8 zum Nachmachen)

Mit diesem Experiment werden Sie automatisch zu Superdad für Ihre Kinder und alle Freunde. Denn Sie können eine Münze aus dem Wasser holen, ohne das Wasser zu berühren. Legen Sie die Münze auf den Teller (nicht mittig, sondern zwischen Mitte und Rand) und gießen Sie so viel Wasser auf den Teller, dass die Münze bedeckt ist. Dann knüllen Sie etwas Papier (etwa von der Größe eines Din-A5-Blattes) zusammen, legen es in das Trinkglas und zünden es an. Mit Schwung das Glas umdrehen und neben der Münze auf den Teller stülpen. Nach kurzer Zeit steigt das Wasser ins Glas – die Münze liegt auf dem Trockenen.

> ERKLÄRUNG Wenn Papier und Sauerstoff verbrennen, wird Luft aus dem Glas gedrückt. Nach dem Abkühlen entsteht ein Unterdruck, der das Wasser in das Glas saugt.

Time-out

TIME-OUT: BÜCHER & DVDS

Bücher

Ab 4 Der beste Tipp für die kleinsten Forscher ist die Reihe Wieso? Weshalb? Warum? (Ravensburger), die es zu den verschiedensten Themen gibt. Mit vielen Klappen und Einfällen, die Kindern Spaß machen. Ein zauberhaftes Buch, um die Kleinsten neugierig auf Phänomene des Alltags zu machen, ist Camilla sieht alles rosarot von Jacques Duquennoy (Gerstenberg).

Ab 6 Wenn Sie ein Nachschlagewerk zu einem Thema suchen: In der Reihe Wissen mit Links (Dorling Kindersley) werden Sie fündig. Eigentlich für Kinder ab 10, aber mit Papa zusammen können sich hier durchaus auch schon 6-Jährige festlesen: Tiere, Wetter, Pflanzen, Naturwissenschaften – inzwischen gibt es mehr als zehn Bände, die zu jedem Thema auch noch umfangreiche Internet-Links liefern. So macht forschen Spaß!

Ab 8 Klassiker für (verrückte) Erfindungen, sind Robbi, Tobbi und das Fliewatüt von Boy Lornsen (Thienemann) sowie Tschitti Tschitti Bäng Bäng von Ian Fleming (nur noch antiquarisch, siehe DVDs). Der finstere Plan des Professor Murdo von John Fardell (Ravensburger) knüpft an die Tradition an: Ein paar Kinder machen Ferien bei einem verrückten Erfinder und geraten in haarsträubende Abenteuer.

DVD

Pflichtprogramm für echte Forscher sind natürlich die Reihen Löwenzahn (ab 5), Willi wills wissen (ab 7) und Wissen macht ah! (ab 8). Zu sehen im KIKA, aber auch auf DVD. Verrückte Erfinder sollten unbedingt die Kultfilme Robbi, Tobbi und das Fliewatüt (s.o.) und Tschitti Tschitti Bäng Bäng um ein Wunderauto und seinen exzentrischen Erfinder sehen – sie sind mehrere Jahrzehnte alt, aber hinreißend!

03 PAPA ALS FORSCHER

SPIELEN MIT VIELEN

Geräusche-Memory

MITSPIELER mind. 2
ALTER ab 6

Naturforscher brauchen unbedingt gute Ohren. Mal sehen, ob die kleinen Humboldts schon verschiedene Dinge am Geräusch erkennen. Papa muss dazu ein bisschen Vorarbeit leisten – je nach Zeit können die Kinder aber dabei helfen. Man braucht etwa 20 leere Filmdosen, die mit verschiedenen Dingen gefüllt werden: Reis, Erbsen, Steinchen, Wasser, Zucker, Mehl, Sand, Beeren etc. Immer zwei Döschen müssen den gleichen Inhalt (in der gleichen Menge!) haben. Nun dürfen die Kinder abwechselnd die Dosen schütteln. Wer meint, zwei gleiche gefunden zu haben, sagt Bescheid, und Papa linst mal rein. Ist es wirklich ein Pärchen, darf der Finder es behalten, sonst werden beide Dosen wieder zu den anderen gestellt. Wer die meisten Dosenpaare findet, hat gewonnen.

Tiere identifizieren

MITSPIELER mind. 8
ALTER ab 4

Tiere erkennen können muss jeder Naturforscher. Machen Sie einen Test: Beschriften Sie Zettel mit Tierarten – auf jeweils zwei Zetteln muss dasselbe Tier stehen: zweimal Frosch, zweimal Ente, zweimal Elefant etc. Die Kinder bilden zwei Gruppen, stellen sich im Abstand von etwa 50 m einander gegenüber auf und ziehen je einen Zettel. Zettel so verteilen, dass jedes Tier in jeder Gruppe einmal vorkommt. Auf »Los!« bewegen sich beide Gruppen aufeinander zu, indem jedes Kind sein Tier imitiert (aber ohne Geräusche!). Watscheln wie eine Ente, staksen wie ein Storch, robben wie eine Robbe. Wer erkennt zuerst sein »Zwillingstier«? Das Paar, das sich zuletzt gefunden hat, scheidet aus.

Spielen mit Vielen | 03

SPIELEN MIT VIELEN

MITSPIELER mind. 2
ALTER ab 6

Für ein zünftiges Eisstockschießen müssen in einer fiesen Frostnacht einige Suppenteller mit Wasser raus gestellt werden – und schon hat man am nächsten Tag perfekte Scheiben aus Eis, die dann um die Wette über eine glatte Fläche geschleudert werden. Wessen Scheibe kommt am weitesten?

Eisstockschießen

Winteraktivität

Geisterbahn

MITSPIELER ab 2
ALTER ab 5 (je nach Grusel-Festigkeit)

Mit diesem Spiel gehen Sie als Superduperdad bei allen Beteiligten in die Geschichte ein – und haben auch noch selbst Spaß. Denn Sie bauen eine Geisterbahn. Dazu schicken Sie die Kinder ins Nebenzimmer und überlegen, was Ihnen so Gruseliges einfällt. Ein dünner Vorhang zum Beispiel, der den Besuchern ins Gesicht weht, ein nasses Fensterleder, eine Schale Mehl, ein ausgestopfter Gummihandschuh an einem Stock, ein schlabberiger Luftballon, der von der Decke hängt, ein Stück Fell in einem Karton, ein Pupskissen, das im Dunkeln schaurig klingt ... Arrangieren Sie alles und führen Sie die Kinder dann im Dunkeln durch Ihre Geisterbahn – und erzählen Sie eine (lustige) Gruselgeschichte dazu. Im Karton liegt eine tote Maus (= Fell), ein Gespenst aus dem Moor sagt Guten Tag (= der Gummihandschuh), ein Vampir fliegt vorbei (das Fensterleder), und jetzt mal in den Sarg fassen – huch, ist ja nur noch Staub (das Mehl)! Das Gekreische wird ungeahnt sein, und vielleicht dürfen die Kinder für die zweite Runde selbst eine Geisterbahn bauen und dann mal Papa durchführen!

III BASICS

HARMONIE FÜR DIE SUPERFAMILY

Wenn Väter sich explizit mit ihren Kinder beschäftigen, trägt das auf jeden Fall enorm zur Familienharmonie bei. Leider sind Mütter manchmal etwas gnadenlos, wenn vermeintliche Kleinigkeiten nicht beachtet werden. Oft wissen die Männer dann gar nicht genau, wo das Problem liegt und wie sie es hätten vermeiden können. Deshalb folgende Tipps:

Proviant nicht zu Hause vergessen: Kinder haben immer irgendwann Hunger und Durst. Wenn Sie nichts dabeihaben, müssen Sie etwas kaufen. Die Gefahr, dabei auf Fastfood oder gar Süßigkeiten zurückzugreifen, ist groß. Soll aber nur in Ausnahmefällen sein – wie Sie bei objektiver Betrachtung zugeben werden. Deshalb füllen Sie etwas verdünnten Saft in Trinkflaschen und packen »gute« Snacks ein: Vollkornbrötchen, Müsliriegel, Obst.
Gefahr bei Nichtbeachtung dieses Tipps: Kind endet als fetter Teenie vor dem Fernseher (= worst case), Familienharmonie dauerhaft gestört, weil Kind ein super Argument hat: »Das kauft Papa mir auch immer!«

Die Außentemperatur überprüfen: Wenn Sie im Spätherbst noch mit Flipflops und T-Shirt rumlaufen, sind Sie ein cooler Typ – und das ist gut so. Es bedeutet aber nicht, dass auch Ihre Kinder im T-Shirt auf den Spielplatz dürfen (auch wenn sie das gerne möchten!). Kinder müssen in der Regel wärmer angezogen werden als coole Männer. Orientieren Sie sich an den Passanten vor Ihrem Fenster (und deren Kindern) und geben Sie dann die Klamottenparole aus.
Gefahr bei Nichtbeachtung dieses Tipps: Kind erkältet sich, Frau hat tagelang miese Laune, weil das Kind schnieft und nörgelt und schlecht schläft.

Harmonie für die Superfamily | III

Nicht den Ausnahmezustand ausrufen:
Toll, wenn Sie etwas mit Ihren Kindern unternehmen. Vor allem wenn Ihnen Ihr Job wenig Zeit lässt. Aber geben Sie sich nicht der Versuchung hin, alle Augen zuzudrücken und mit »na, ausnahmsweise!« alles zu erlauben (Fanta, fernsehen, frech sein, lange aufbleiben, im Auto vorne sitzen, Zähneputzen ausfallen lassen, mit den Fingern essen).
Gefahr bei Nichtbeachtung dieses Tipps: Erziehung ist (leider) immer. Wenn Sie (aus Bequemlichkeit?) Ihre Papa-Aktionen zum Ausnahmezustand machen, haben Sie es im Alltag umso schwerer.

Alles wieder aufräumen: Klingt nach doofer, profaner Eltern-Anweisung, die aber auch für Superdads gilt. Monsterkuchen backen und damit die Kinder glücklich machen ist zweifelsohne sehr verdienstvoll. Aber kreatives Kochen mit Kindern beinhaltet immer auch den Pädagogikteil, und der lautet: Bitte alle alles aufräumen.
Gefahr bei Nichtbeachtung dieses Tipps: Frau sieht verwüstete Küche und kriegt Anfall. Und Sie müssen alleine die Küche wischen, statt das ersehnte Fußballspiel zu sehen.

Alles, wirklich ALLES wieder mitbringen:
Regenjacke, Fahrradhelm, Brotdose, Lieblingspuppe – wenn man mit Kindern das Haus verlässt, hat man mitunter so einiges im Gepäck. Nervt, ist aber so. Und man muss schon etwas Konzentration aufbringen, um alles wieder mit nach Hause zurückzubringen.
Gefahr bei Nichtbeachtung dieses Tipps: Dinge verschwinden im Nirwana, werden aber dringend gebraucht, und man muss alles neu kaufen.

04 PAPA ALS PAUSENCLOWN

GRAD

ERFOLGSBAROMETER
*Steht dann auf HOCH, wenn …
… nach einer sechsstündigen Autofahrt lauter fröhliche Kinder von der Rückbank klettern und wenn es beim Warten auf die Lieblingssendung / das Christkind / den Besuch Gelächter statt Genörgel gibt.*

WETTERABHÄNGIGKEIT
Niedrig. Die größte Langeweile entsteht bei schlechtem Wetter oder auf Reisen – entsprechend viele Anregungen finden Sie hier für drinnen.

KREATIVITÄTSFAKTOR
Mittel. Meist reicht es, den Trick, das Spiel, die Anleitung zu kennen – und schon ist eine Wartezeit überbrückt. Aber Fantasie in der Ausführung kann ja nie schaden.

MÄNNLICHES KNOW-HOW
Gering. Kein technisches Verständnis, keine Survival-Talente werden hier erwartet – nur ein bisschen Fingerfertigkeit beim Basteln und Tricksen. Ansonsten finden Sie im Folgenden Anleitungen für längst vergessene Spiele!

04 PAPA ALS PAUSENCLOWN

MEINE OMA FÄHRT IM HÜHNERSTALL MOTORRAD ...

Stop-and-Go auf der Autobahn – das Kind jault: »Ich will Eis!« Noch eine Stunde, bis Oma kommt – das Kind nörgelt: »Wie lange dauert das denn noch?« Spaziergang im Wald – das Kind jammert: »Ich hab' keine Lust mehr!« Ein kleiner Unfall auf dem Spielplatz – das Kind schreit wie am Spieß. Es gibt so Situationen, da wünscht man sich ein Superman-Kostüm, das vom Himmel fällt und neben Superkräften auch Superideen mitbringt, um die Kinder im richtigen Moment auf andere Gedanken zu bringen bzw. Wartezeiten zu überbrücken. Oder einen Transporter wie in »Star Trek«, der entweder das Kind oder einen selbst ganz schnell irgendwoanders hinbeamt. Hm, Wunschträume.
Immerhin, mit einem lustig-bescheuerten Lied (s. o.) hat man schon viel gewonnen, und wenn man dann noch einen Vorrat an guten Ideen, Tricks, Spielen usw. hat, wird Papa zwar weder zu Superman noch zu Scotty von Enterprise, aber doch zum besten Pausenclown aller Zeiten!

PAUSENKLASSIKER

Papier und Stift finden sich immer – und damit hat man auch schon die Grundausrüstung, um schnell mal ein Spiel zu spielen, egal ob im Auto (wenn Mama am Steuer sitzt!), Flugzeug, Wartezimmer oder zu Hause am Küchentisch. Diese Pausenspiele, man kannte sie alle mal, aber wie war das noch? Schiffe in Kästchen einzeichnen – aber wie viele Kästchen und wie viele Schiffe? Buchstaben raten und einen Galgen bauen – aber wie sah der aus? Städte und Länder mit »A« finden – aber wofür gibt es die Punkte? Jetzt können Sie verlorenes Wissen wiederfinden und werden merken, dass man auch mit Mitte 30 oder 40 noch Feuer und Flamme für kleine Kreuzchen auf Papier sein kann.

Pausenklassiker | 04

Galgen raten
MITSPIELER mind. 2
ZEITAUFWAND ca. 15 Min.
ALTER ab 6

Weimarer Republik im Geschichtsunterricht – gääähn. In solchen Stunden hatte Galgenraten Hochkonjunktur, zumindest für die Schüler in den hinteren Reihen: Ein Spieler denkt sich ein Wort aus und schreibt für jeden Buchstaben einen Strich. Der oder die Mitspieler müssen nun Buchstaben nennen. Wenn der Buchstabe in dem gesuchten Wort vorkommt, wird er auf den entsprechenden Strich geschrieben. Wenn er nicht vorkommt, wird der Galgen gebaut (siehe Abb.). Wer das Wort rät, bekommt einen Punkt. Wenn der letzte Strich am »Gehängten« gemacht wird, bevor das Wort geraten ist, bekommt der Galgenzeichner den Punkt. Zur Vereinfachung für jüngere Kinder kann man den ersten und den letzten Buchstaben schon hinschreiben.

ACHTUNG

Auch wenn »Ingenieurwesen« ein schönes Wort ist, sollten Sie sich auf Begriffe beschränken, die die Kinder kennen und lesen können!

Abb. Galgen raten
01 Richtig erratene Buchstaben aufschreiben
02a Einen »Strich« pro falschem Buchstaben
02b … und so weiter
02c Galgen komplett? Game over.

02c Game over

Wenn ein geratener Buchstabe mehrfach vorkommt, muss er mehrfach hingeschrieben werden.

04 PAPA ALS PAUSENCLOWN

Papierbasteleien

Och nee, Störche falten ist nicht so Ihr Ding, und Origami ist was für Tee trinkende Yoga-Tanten? Ja, ja, sicher. Aber was ist mit Papierflugzeugen, die wirklich fliegen? Oder einem amtlichen Helikopter (s. u.)? Und was meinen Sie, wie viel Eindruck es macht, wenn gerade kein Trinkgefäß vorhanden ist und Daddy zaubert einen Becher aus einem Blatt Papier? Und an einem Regentag können schon 4-Jährige aus einem quadratischen Stück Papier ein Haus falten. Mehrere (verschieden große) Quadrate ergeben eine ganze Stadt, die man auch noch anmalen kann. Na ja, und einen Papierhut, der dann ein Schiff wird (das dann zu einer Flotte ausgebaut wird), können Sie sicher im Schlaf. Wenn nicht, im Anhang gibt es Nachhilfe – auch zu Trinkbecher, Haus und Schwalbe.

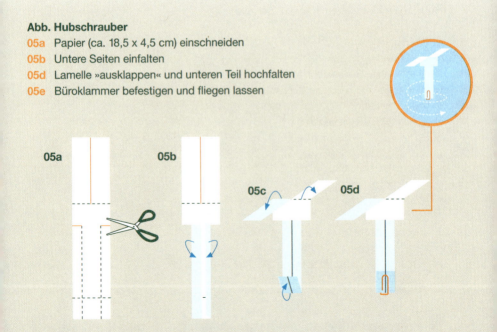

Abb. Hubschrauber
05a Papier (ca. 18,5 x 4,5 cm) einschneiden
05b Untere Seiten einfalten
05d Lamelle »ausklappen« und unteren Teil hochfalten
05e Büroklammer befestigen und fliegen lassen

Pausenklassiker 04

Stein, Schere, Papier

MITSPIELER 2 oder mehr
ZEITAUFWAND ab 5 Min. – bis es langweilig wird …
ALTER ab 5

Ein super Spiel für Autofahrten und unvorhergesehene Wartezeiten: Mit den Händen werden die Figuren dargestellt: Faust = Stein, Zeige- und Mittelfinger ausgestreckt = Schere, Hand gerade ausgestreckt = Papier. Man kann auch noch den Brunnen hinzunehmen: Daumen und Finger bilden eine Brunnenöffnung. Zu Beginn des Spiels machen alle Spieler eine Faust, sprechen im Chor »Schnick, Schnack, Schnuck« oder »Sching, Schang, Schong« und bewegen dazu die Faust auf und ab. Beim letzten Wort (auf »Schnuck« oder »Schong«) bildet jeder Spieler eine der o. g. Figuren. Nun wird gewertet: Schere schneidet und schlägt Papier. Papier wickelt ein und schlägt den Stein. Stein schleift und schlägt die Schere. Schere und Stein fallen in den Brunnen, der gewinnt also gegen Schere und Stein, verliert aber gegen Papier, weil das den Brunnen abdeckt. Mit diesem Prinzip kann man auch sehr gerechte Entscheidungen herbeiführen – auf Fragen wie: »Wer darf neben Papa sitzen?« oder: »Wer muss den Müll wegbringen?«

Schiffe versenken

MITSPIELER 2
ZEITAUFWAND ca. 30 Min.
ALTER ab 6

Flugzeugträger abfeuern – hurra! – versenkt! Tst, tst, das ist doch kein Spiel für 6-Jährige! Aber »Schiffe versenken« bleibt trotz des martialischen Plots ein beliebter Pausenklassiker, denn (pst!) es macht Spaß, und man braucht nur zwei Blätter kariertes Papier und zwei Bleistifte: Jeder Spieler zeichnet sich zwei 10 x 10 cm große Kästchen auf

04 PAPA ALS PAUSENCLOWN

ACHTUNG
Die Schiffe dürfen sich nicht berühren und nicht über Eck gezeichnet werden!

sein Blatt, die links senkrecht mit Buchstaben (A bis J) und oben waagerecht mit Zahlen (1 bis 10) beschriftet werden: das eigene und das gegnerische Hoheitsgewässer. In das eigene Gewässer trägt jeder seine zehn Schiffe ein, deren Größe vorher festgelegt wird. Also zum Beispiel: 1 Flugzeugträger (5 Kästchen), 2 Zerstörer (je 4 Kästchen), drei Kreuzer (je 3 Kästchen) und 4 U-Boote (je 2 Kästchen). Jetzt gibt der eine Spieler eine Koordinate an, auf die er feuert, z. B. F8. Der andere Spieler guckt in sein Gewässer, ob sich dort ein Schiff befindet, und meldet entsprechend »Treffer« oder »Wasser«. Bei einem Treffer darf man noch mal feuern. Wenn ein Schiff komplett getroffen wurde, wird »Treffer – versenkt« gemeldet. Alle Treffer und Fehlschüsse beim Gegner werden in den zweiten Plan eingetragen, damit man keine Koordinate doppelt abfragt. Wer zuerst alle Schiffe abgeschossen hat, hat gewonnen.

Wortketten
MITSPIELER 2 oder mehr
ZEITAUFWAND ab 5 Min. – bis es langweilig wird …
ALTER ab 6

Auch dieses Spiel funktioniert ohne Zutaten, und Sie können sogar mitspielen, wenn Sie selbst am Steuer sitzen. Einer sagt ein zusammengesetztes Namenwort, z. B. »Spielplatz«. Der Nächste muss ein neues Wort finden, das mit »Platz« beginnt, z. B. »Platzpatrone«. Der Nächste sagt »Patronengürtel«, dann »Gürteltier« usw.

PAUSENTRICKS UND -SPIELE

Ein langweiliger Waldspaziergang? Im Restaurant dauert es mal wieder ewig, bis das Essen kommt? Zeit für Tricks! Und dafür lieben Kinder ihren Papa: Dass er so viele tolle Sachen

Pausentricks und -spiele | 04

kann und sie einem auch noch beibringt! Sie kennen keine Tricks? Sie haben alle vergessen? Hier kommen ein paar lässige Nummern für zwischendurch.

Münzen fangen

Eigentlich wollten Sie mit Ihrer Tochter Oma vom Bahnhof abholen – aber der Zug hat eine halbe Stunde Verspätung? Versuchen Sie's mal hiermit: Einen Arm waagerecht nach vorn strecken und im rechten Winkel nach hinten wegknicken. Die Innenseite der Hand muss nach oben zeigen. Auf den Ellenbogen wird eine Münze gelegt und dann – zack – die Hand nach vorn und nach unten schnellen lassen. Wenn es gut läuft, fangen Sie dabei die Münze. Kinder ab 6 können das schon nachmachen – und sich dabei schlapp lachen. Fortgeschrittene versuchen, mehrere Münzen gleichzeitig zu fangen.

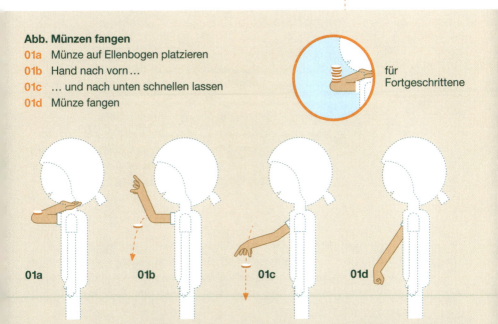

Abb. Münzen fangen
- 01a Münze auf Ellenbogen platzieren
- 01b Hand nach vorn …
- 01c … und nach unten schnellen lassen
- 01d Münze fangen

für Fortgeschrittene

04 PAPA ALS PAUSENCLOWN

Erbsenspuk

Doofes Wetter, die Kinder wissen nichts mit sich anzu-
fangen und streiten sich aus Langeweile? Gehen Sie ins
Zimmer und sagen: »Pssst! Wollen wir mal Mama reinle-
gen?« Wetten, dass Streit und Langeweile sofort vergessen
sind? Zuerst muss ein Versteck gefunden werden: hinter
dem Wohnzimmervorhang oder unter dem Sofa zum Beispiel. Lassen Sie die Kinder ein Glas oder eine Schüssel
mit Erbsen oder Bohnen füllen (nicht aus der Tiefkühltruhe,
sondern getrocknete!). Dann kommt Wasser in das Glas, so
viel, dass es gerade nicht überläuft. Und dann ab mit dem
Spukglas in das Versteck (Tablett oder Teller unterstellen!).
Wenn die Erbsen quellen, haben sie bald keinen Platz mehr
im Glas und fallen – plopp, plopp, plopp – über den Rand
auf den Teller. Mama sitzt derweil nichtsahnend auf dem
Sofa und wundert sich über das gespenstische Geräusch
– und darüber, dass die Kinder kichernd um sie herum-
schleichen.

Zaubertricks

Abrakadabra, Hokuspokus Fidibus, dreimal schwarzer
Kater: Zaubersprüche gehören ebenso dazu wie »wich-
tiges Gerede«. Jetzt dürfen Sie mal richtig angeben, von
wegen: »Ihr wusstet wohl gar nicht, dass Papa ein super-
toller Zauberer ist – ich kann sogar Münzen verschwinden
lassen! Glaubt ihr nicht? Na, wartet!« Machen Sie ordentlich
Brimborium bei Ihrer Vorstellung, das erhöht die Spannung
– und außerdem lenken Sie damit von Ihren geheimen
Tricks ab!

Münztrick

Münze zwischen Daumen und Zeige- und Mittelfinger der
linken Hand klemmen. Beide Hände hochhalten und zeigen,
dann die Handflächen nach oben drehen. Mit der rechten
über die linke Hand fassen und so tun, als ob man die

Pausentricks und -spiele 04

Münze greift. Tatsächlich wird die Münze aber (während sie von der rechten Hand verdeckt ist) in die linke Hand fallen gelassen. Der Zauberer ballt die rechte Hand zur Faust und deutet mit dem linken Zeigefinger wichtig darauf. Dann öffnet er die Faust: leer.

Kartentrick

Magic Dad muss ein Kartenspiel so präparieren, dass oben eine rote Sieben und unten eine rote Acht liegt. Dann fächert er vor den Kindern den Stapel auf und zieht die andere rote Sieben und die andere rote Acht raus (Zaubereransprache nicht vergessen!). Die Kinder dürfen dann die beiden herausgenommenen Karten irgendwo in den Stapel zurückstecken. Papa »wirft« schließlich mit lässigem Schwung den Stapel von der rechten in die linke Hand und »hält« dabei die oberste und die unterste Karte mit Daumen und Zeigefinger so fest, dass sie in der rechten Hand liegen bleiben. Abrakadabra, liebe Kinder: Hier sind die Karten! (Dass es andere rote Karten sind, merkt keiner, übrigens auch kein Erwachsener!)

Streichholzschachteltrick

Dafür müssen Sie heimlich eine Streichholzschachtel präparieren: Ein Streichholz etwas kürzen und quer in die Mitte des Einschubs klemmen. Dann wird den Zuschauern die volle Schachtel als leer verkauft: Dazu ziehen Sie den Einschub langsam heraus (mit der unteren Seite zu den Zuschauern) und drücken dabei immer leicht auf die Seiten, damit das Querhölzchen nicht rausfällt. Etwas schütteln, etwas Show – und alle denken: Diese Schachtel ist leer, es fällt ja nix raus. Dann wird der Einschub wieder reingeschoben und die Schachtel ordentlich geschüttelt, so dass auch das Querhölzchen rausfällt. Nun öffnet Magic Dad die Schachtel mit spektakulärem Gehabe – und siehe da: Lauter Streichhölzer fallen heraus!

INFORMATION
Wenn die Kinder auf den Geschmack gekommen sind: Unter www.zaubern.erdsicht.de gibt es tolle Tricks für kleine Zauberer, Bastelanleitungen für Zauberstäbe etc..

04 PAPA ALS PAUSENCLOWN

Abb. Kartentrick
- **01a** Rote 7 und rote 8 zeigen
- **01b** Die Karten irgendwo in den Kartenstapel reinschieben
- **01c** Stapel von rechts nach links »werfen«
- **01d** Die beiden übrig gebliebenen Karten zeigen

01b

01c

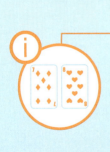

 Die Vorbereitung: Legen Sie Karo 7 und Herz 8 an die oberste und unterste Stelle des Stapels. Zu den Kindern sagen Sie lediglich: »Hier eine rote 7 und eine rote 8.« **Der Clou:** Wenn Sie nicht auf Herz oder Karo hinweisen, merkt niemand, dass es die jeweils andere Karte ist.

Pausentricks und -spiele 04

Abb. Streichholzschachteltrick

pssst… Die Vorbereitung:
- 02a Streichholz kürzen
- 02b Andere Streichhölzer »festklemmen«
- 02c Schachtel zumachen

Die Vorstellung:
- 02d Schachtel öffnen
- 02e Schachtel zumachen und schütteln
- 02f Schachtel öffnen

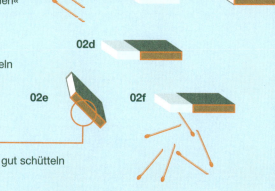

gut schütteln

Abb. Münztrick

03a Münze zeigen

03b Hand drehen

03c Nach Münze »greifen«

03d Fäuste machen

03e Auf »Hand mit Münze« zeigen

03f Hand öffnen. Wow, leer!

03g Andere Hand öffnen

Die Kinder streiten sich mal wieder? Zeit für einen Kurzauftritt von Magic Dad, denn der kann Münzen wegzaubern! Der Clou – siehe (03c): Sie tun nur so, als würden Sie die Münze mit der anderen Hand greifen. Tatsächlich aber bleibt sie in der »Zeige-Hand«.

04 PAPA ALS PAUSENCLOWN

Bierdeckel fangen

»Papaaa, wahann kommt mein Schnihitzel endlich???« Für Geduldsproben im Restaurant sollten Sie mindestens einen Bierdeckeltrick beherrschen: Deckel so auf die Tischkante legen, dass er halb übersteht. Dann mit den Fingerspitzen Ihrer Wurfhand (Handfläche nach unten) so unter diesen Überstand klatschen, dass der Bierdeckel hochfliegt und in der Drehung fangen. Einfach? Dann versuchen Sie das Gleiche mal mit, hm, zehn Bierdeckeln... Und bringen Sie es den Kindern bei, ohne ungeduldig zu werden!

Pfefferfinger

Die Erwachsenen brauchen mal wieder ewig, bis sie fertig gegessen haben – und es endlich nach draußen geht? Davon kann Papa mit dem Pfefferfinger ablenken: Er streut feines Pfefferpulver in ein gefülltes Wasserglas und bittet die anwesenden Kinder (und natürlich die Erwachsenen ohne Igitt-Hemmschwelle), ihren Zeigefinger hineinzutauchen und ohne Pfeffer wieder herauszuziehen... Geht nicht! Währenddessen präpariert er unauffällig seinen Zeigefinger mit ein wenig Salatöl – und siehe da, nur Papa gelingt es, einen pfefferfreien Finger aus dem Glas zu ziehen!

Streichholzschachtel-Nasen

Auch eine Streichholzschachtel kann hervorragende Dienste leisten, wenn es darum geht, das Langeweile-Virus zu bekämpfen. Zum Beispiel kann sich Papa die Hülle auf die Nase stecken und erst mal das Gelächter aller anwesenden Kinder kassieren. Dann wird die Parole »weitergeben!« ausgesprochen – und die Hülle wandert von einer Nase zur anderen. Falls keine Streichholzschachtel vorhanden, kann man eine Variation mit Bierdeckeln spielen: Mit dem Mund ansaugen und dem Nächsten weitergeben. Wahrscheinlich wird der Bierdeckel nicht weit kommen, weil alle vor Lachen losprusten, und das ist ja das Gegenteil von ansaugen...

Pausentricks und -spiele | 04

RÄTSEL	AUFLÖSUNG
Ich hab ein Loch und mach ein Loch und schlüpf auch selbst durch dieses Loch.	Nähnadel
Ein rundes Haus hat Kämmerlein, drin liegen viel, viel Körnelein.	Apfel
Jemand und niemand kauften ein Haus. Jemand ging vorn heraus. Niemand ging hinten heraus. Wer blieb drin?	und
Welche Hähne krähen nicht?	Wasserhähne
Erst weiß wie Schnee, dann grün wie Klee, dann rot wie Blut, schmeckt allen Kindern gut.	Kirsche
Was zeigt jedem ein anderes Gesicht und hat doch selbst keins?	Spiegel
Hoch wie ein Haus, klein wie 'ne Maus, stachlig wie ein Igel, glänzend wie ein Spiegel.	Kastanie
Er ist ein kleiner schwarzer Zwerg und hebt doch ganz leicht einen Berg.	Maulwurf
Was macht 999-mal tipp … …und einmal tapp?	Tausendfüßler mit Holzbein
Es hängt an der Wand, reichst ihm oft die Hand.	Handtuch
Welches ist das stärkste Tier?	Die Schnecke, die trägt ihr Haus

04 | PAPA ALS PAUSENCLOWN

Pustewettbewerb

Und wenn das Schnitzel jetzt immer noch nicht da ist, baut Papa einen Hindernisparcours aus Gläsern, Bierdeckeln, Löffeln und was sonst noch so auf dem Tisch steht. Dann organisiert er einen Strohhalm und knüllt einen kleinen Ball aus einem Stück Serviette. Voilà: Wer schafft es, den Serviettenball mit dem Strohhalm durch den Parcours zu pusten? Jedes Touchieren eines Hindernisses gibt natürlich Punktabzug – und Wartezeit-Überbrückungs-Profis pusten mit Stoppuhr!

Tricks in und mit der Natur

Erwachsene gehen ja gern mal eine Runde spazieren. Sonntags nach Kaffee und Sahnetorte zum Beispiel. »Och nee, nicht schon wieder das blöde Spazierengehen!!« stöhnen die Kinder, denn um einen See latschen finden sie einfach nur öde. Aber wenn Papa ankündigt, unterwegs einige Tricks zu demonstrieren, könnte das die Ausgangs-lage deutlich verbessern. Die Kinder immer schön einbin-den, denn beim Rennen und Sachensuchen vergessen sie schnell das Wort »Spaziergang«.

Wer findet zum Beispiel den schönsten, breitesten Gras-halm? Damit präsentiert Papa ein Grashalmkonzert: Den Halm längs zwischen die Daumen der aneinandergelegten Hände klemmen und kräftig draufblasen.

Oder wie wäre es mit dem Eichelpfiff: Die Kinder suchen Eichelhütchen, und Papa zeigt den Trick: Das Hütchen mit dem geschlossenen Teil nach unten zwischen die gebeug-ten Zeige- und Mittelfinger klemmen, die Lippen über die beiden mittleren Knöchel stülpen und dann kräftig pusten. Achtung: Kann sehr laut werden!

Mal sehen, ob die Kinder es schaffen, den Käuzchenruf nachzumachen: Hände so umeinanderlegen, dass innen ein Hohlraum entsteht. Oben liegen beide Daumen parallel aneinander. Durch eine kleine Öffnung zwischen den Dau-

Pausentricks und -spiele 04

men wird langsam Luft in den Hohlraum geblasen. Wenn's klappt, ertönt ein lang gezogener tiefer Uuuuhhh-Ruf, der genau wie ein Käuzchen klingt. Profis klappen beim Pusten die eine Hand ab und wieder dran, das variiert die Tonhöhe. Nachts wirkt es echt schaurig.

Im Herbst lässt man natürlich Ahornsamenhubschrauber fliegen; einfach möglichst hoch halten, loslassen und gucken, wie sich der Ahornsamen in sicherer Flugbahn nach unten schraubt. Und auf wessen Nase passen die meisten Hörner? Die Ahornsamen am dicken Ende aufspalten und auf den Nasenrücken »kleben« – fertig ist das Nashorn! Und dann wird fleißig Löwenzahn gesammelt, denn Papa hat versprochen, zu Hause seinen Spezialtrick zu zeigen und Löwenzahnkringel zu zaubern. Dazu wird der Stiel längs mehrfach eingeschnitten und in ein Glas mit Wasser gestellt. Und schon kringeln sich die Streifen ein und sehen aus wie eine zweite Blüte.

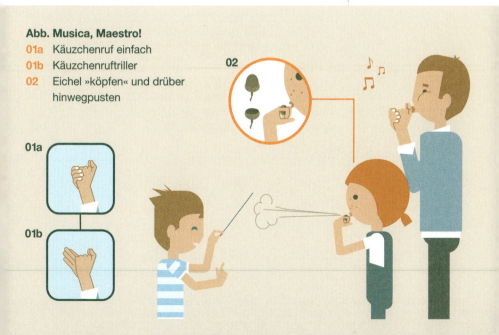

Abb. Musica, Maestro!
- **01a** Käuzchenruf einfach
- **01b** Käuzchenruftriller
- **02** Eichel »köpfen« und drüber hinwegpusten

04　PAPA ALS PAUSENCLOWN

ZUNGENBRECHER

○ ○ ● ● ●　Der dicke Dirk trug den dünnen Dirk durch den dicken, tiefen Dreck. Da dankte der dünne Dirk dem dicken Dirk, dass der dicke Dirk den dünnen Dirk durch den dicken, tiefen Dreck trug.

● ● ● ● ●　Zwischen zwei Zwetschgenzweigen zwitschern zwei Schwalben, zwei Schwalben zwitschern zwischen zwei Zwetschgenzweigen.

○ ○ ● ● ●　Klitzekleine Kinder können keinen Kirschkern knacken.

○ ● ● ● ●　Der Whiskeymixer mixt den Whiskey für den Whiskeymixer. Für den Whiskeymixer mixt der Whiskeymixer den Whiskey.

○ ● ● ● ●　Ein chinesischer Chirurg schenkt tschechischen Skifreunden frisch gebackene Shrimps – frisch gebackene Shrimps schenkt ein chinesischer Chirurg tschechischen Skifreunden.

○ ○ ○ ● ●　Schnecken erschrecken,
wenn Schnecken an Schnecken lecken,
weil zum Schrecken vieler Schnecken
Schnecken nicht schmecken.

○ ○ ○ ● ●　Die Katze tritt die Treppe krumm.

○ ○ ○ ● ●　Zehn zahme Ziegen zogen zehn Zentner Zucker zum Zoo.

LEICHT ○ ○ ○ ○ ●　　**SCHWER** ● ● ● ● ●

Pausen-Action | 04

PAUSEN-ACTION

Manchmal reicht es nicht, einen Papierflieger zu falten, den Käuzchenruf zu lehren oder eine Runde Galgen raten zu spielen – manchmal müssen Langeweile-Gräben mit etwas mehr Action überbrückt werden. Kein Problem für einen Superdad!

Fertighaus
MATERIAL ein möglichst großer Karton, Teppichmesser, evtl. Stifte oder Plakafarben
ALTER ab 4

Es regnet in Strömen, und der Nachmittag zieht sich? Ein Fall für Superdad, der mit geringem Einsatz große Wirkung erzielt: Er besorgt einen möglichst großen Karton, schneidet eine Tür und zwei Fenster aus – fertig ist das Kinderhaus! Es kann bemalt werden, vielleicht spendiert Mama etwas Stoff für Gardinen – oder es kann zu einer großen Höhle erweitert werden, indem man es neben einen Tisch stellt, alles mit Decken verhängt etc. Papa kann sich an dem folgenden »Einsatz in vier Wänden« beteiligen – oder aber die Verfeinerung des Fertighauses ganz den Kindern überlassen.

Nicht-den-Boden-berühren
MATERIAL Zimmer mit möglichst vielen Möbeln
ALTER ab 4

Dieses Spiel hat sich Astrid Lindgren früher in Småland mit ihren Geschwistern ausgedacht, und dann hat es Pippi mit Tommi und Annika in der Villa Kunterbunt gespielt. Die ist ja bekanntlich ein rechtsfreier Raum, also sind die drei dort über alle Schränke und Tische gestiegen – mit Schuhen! Die pädagogische Variante sieht vor, dass Papa erst mal festlegt, welche Möbel beklettert werden dürfen und dass

SUPERPAPA
... erfreut natürlich die Kinder mit einem Extra-Gimmick und spielt den Essenslieferanten. Ding-dong! Der Postbote bringt Obst oder ein Päckchen mit Keksen und Gummibärchen. Papa-Spezialorden garantiert.

04 PAPA ALS PAUSENCLOWN

die Kinder Hausschuhe anhaben. Entspannter für Sie ist es, wenn Sie nur als Schiedsrichter agieren und überwachen, ob auch wirklich kein Kind zwischen A und B den Boden berührt – sonst gibt es Punktabzug (vielleicht ein Pfand abgeben). Bei der Profi-Version turnt Papa natürlich mit!

Fingertheater
MATERIAL ein Satz Fingerpuppen (z. B. von IKEA)
ALTER ab 4

Egal ob nörgelige 4-Jährige oder gelangweilte 8-Jährige: Mit einem Fingerpuppen-Theater verzaubern Sie alle Kinder und schaffen für ein paar Minuten Ruhe. Ideal auch im Auto übrigens, wenn die Frau ans Steuer darf. Die Fingerpuppen (meist Tiere) können Sie billig kaufen – und dann müssen Sie sich »nur« noch irgendeinen Plot ausdenken, in dem ein Papagei den dicken Elefanten ärgert, der sich mit dem Löwen verbündet und …
Zur Not können Sie sich auch Gesichter mit Filzstift auf die Fingerkuppen malen.

Pantomime
MATERIAL nur Gestik und Mimik
ALTER ab 4

Pantomime ist ein geniales, absolut unterschätztes Spiel, mit dem sich Pausen immer dort überbrücken lassen, wo man über ein bisschen Bewegungsfreiheit verfügt. Setzen Sie irgendein Thema, z. B. Tiere, Berufe, Zirkus etc. Jedes Kind (und der Papa natürlich!) denkt sich ein Tier oder einen Beruf aus und führt dazu eine Pantomime vor. Die Zuschauer müssen sie erraten. Geht zu zweit genauso gut wie zu zehnt – auch ein schönes Spiel für den Kindergeburtstag, wenn die Bande zwischen Topfschlagen und Würstchenessen im Zaum gehalten werden muss!

ACHTUNG

Es könnte passieren, dass dieses Kurztheater ein solcher Publikumsrenner wird, dass viele, viele Zugaben verlangt werden!

Pausen-Action 04

Abb. Die sechs wildesten Schattentiere
01 Einfacher Hase
02 Schwieriger Hase
03 Schnecke
04 Kardinal
05 Vogel auf Ast
06 Fauchender Panther

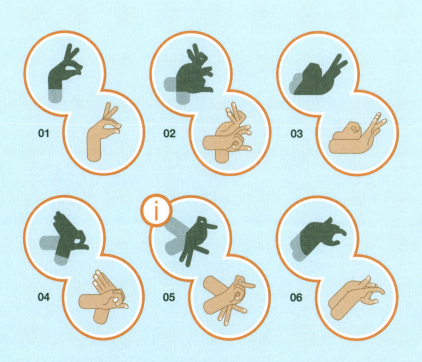

Für ein Schattenspiel brauchen Sie nur die Hände, eine Lichtquelle und etwas Fantasie. Für die erweiterte Variante kann man ein Laken spannen und anstrahlen und hinter dem Laken mit ganzem Körpereinsatz Figuren spielen.

04 PAPA ALS PAUSENCLOWN

Tischfußball
MATERIAL drei Münzen oder Papierkügelchen
ALTER ab 4

Tischkicker sind super, aber teuer, stehen nicht überall rum und können von kleineren Kinder gar nicht bedient werden. Gut, dass Papa eine Tischfußball-Variante für jeden und jede Gelegenheit kennt: Man braucht nur drei Münzen und einen Tisch oder eine andere glatte Fläche. Die Münzen werden an den äußeren Spielfeldrand gelegt, an der gegenüberliegenden Seite bildet der eine Spieler (= Torwart) mit Zeigefinger und kleinem Finger das Tor. Der andere Spieler (= Stürmer) versucht, eine der drei Münzen ins Tor zu befördern, indem er immer die Münze, die ihm am nächsten ist, durch die anderen beiden »schießt«, und zwar durch Schnipsen mit Zeigefinger und Daumen. Wenn der Stürmer ein Tor geschossen hat, steht es 1:0, und die Rollen werden getauscht. Wenn der Stürmer am Tor vorbei»schießt«, steht es 0:0, und die Rollen werden trotzdem getauscht. Bei mehreren gelangweilten Kindern bildet man Mannschaften und wechselt sich ab.
Übrigens: Eigentlich ist es verboten, dass die mittlere Münze beim Durchschießen eine der beiden anderen berührt. Aber bei kleinen Fußballern sollten Sie hier nicht so streng sein!

WINTERPAUSEN

Winteraktivitäten

Wenn es draußen schön klirrend kalt ist, kann Papa mit ein paar besonders spektakulären Schnellbeschäftigungen punkten, die die Kinder auch mal kurz vor die Tür locken. So vergeht vielleicht die Wartezeit aufs Christkind oder der Sonntagnachmittag, bis Oma zum Adventskaffee kommt. Auch hier braucht man wieder wenig Zutaten, schließlich müssen Pausenclowns ihre Asse schnell parat haben.

Winterpausen 04

Winterseifenblasen
MATERIAL Schale, Wasser, Kernseife, Strohhalm
ALTER ab 4

Seifenblasen verschönern jede Pause, und im Winter gibt es ein besonderes Aha-Erlebnis zu bestaunen. Dazu braucht man nur eine Seifenlauge (zwei Esslöffel Spülmittel vermischt mit einem halben Liter Wasser). An einem frostigen Tag versuchen Sie – wie ein Glasbläser – mit dem Strohhalm vorsichtig Seifenblasen zu blasen. Wenn es kalt genug ist, frieren die Blasen schon am Strohhalm zu dünnwandigen Eiskugeln. Mit Glück schafft man es, sie vom Strohhalm zu lösen und auf einen glatten Untergrund zu legen, z. B. auf einen dunklen Schal.

Bauklötze aus Eis
MATERIAL mehrere leere Tetrapaks
ALTER ab 4

Wenn Frost angekündigt ist, sollten Sie schon mal vorsorglich alle leer getrunkenen Saft- und Milchkartons ausspülen und horten. Und beim nächsten Hach-mir-ist-so-langweilig-Stöhnen fragen Sie, wer bei der Herstellung von Eisbauklötzen helfen will. Tetrapaks in der Mitte quer durchschneiden, mit Wasser füllen und über Nacht nach draußen stellen. Wenn es dann wieder heißt: »Papaaaa, was soll ich bloß machen?«, haben Sie einen super Trumpf im Ärmel: die Eisbauklötze! Jetzt sind sie gefroren und können aus der Form gelöst werden. Dazu muss man nur etwas warmes Wasser über die Tetrapaks fließen lassen. Wer baut die höchsten Türme, die besten Brücken oder gar eine ganze Eisstadt? Übrigens: Wenn man zwei Eisformen aneinander»kleben« will: Mit Salz bestreuen, dann schmilzt die Oberfläche, zusammenpressen und warten, bis die dünne Wasserschicht wieder gefriert!

ACHTUNG

Für »richtige« Seifenblasen vermischt man übrigens 225 ml Spülmittel mit 3 l Wasser und 1 EL Glyzerin (aus der Apotheke). Da Glyzerin aber den Gefrierpunkt von Wasser senkt, darf es für die Winterseifenblasen nur eine einfache Lauge sein.

SUPERPAPA

… arrangiert natürlich ein 1a-Winterdosenwerfen: Klötzchen zu einer Pyramide schichten und den Tennisball aus dem Keller holen.

04 PAPA ALS PAUSENCLOWN

Eisdeko

MATERIAL leere (kleine) Joghurtbecher, Deckel von Marmeladengläsern, Muscheln, Eicheln, Zweige, Murmeln, Figuren von Überraschungseiern etc., Schnur
ALTER ab 4

Kennen Sie diese Seifen, die allmählich eine kleine Plastikfigur freigeben? So etwas Ähnliches kann man im eisigen Winter selbst machen: Joghurtbecher u. Ä. mit Wasser füllen und ein Deko-Element reinplumpsen lassen. Eine Schnur in das Wasser hängen und alles über Nacht nach draußen stellen. Am nächsten Tag mit warmem Wasser aus den Formen lösen und draußen aufhängen: super Winterdeko! Man kann auch eine flache Schale mit Wasser füllen, Plätzchenförmchen (Sterne, Herzen etc.) hineinlegen und über Nacht frieren lassen. Wieder mit warmem Wasser aus den Formen lösen, mit einer heißen Nadel einen Faden durchziehen und aufhängen. Und für die Adventszeit macht man das Ganze mal mit weihnachtlichen Inlets (goldene Sterne, kleine Nikoläuse, Tannenzweige).

Huah – die Gruselhand!

MATERIAL alter Gummihandschuh
ALTER ab 4

Wollen wir mal Oma erschrecken? Au ja! Dazu wird ein alter Gummihandschuh mit Wasser gefüllt, über Nacht gefroren und mit warmem Wasser abgelöst. Nicht ärgern, wenn dabei ein paar Finger abbrechen, sieht noch gruseliger aus! Geschickt platziert, wird diese spezielle Deko bestimmt ein paar Passanten einen schönen Schreck einjagen.
Für den Hardcore-Horror kann man das Wasser vorher mit roter oder grüner Wasserfarbe einfärben…

Winterpausen | 04

Mandarinenlampe
MATERIAL Mandarine, Salatöl (oder Lampenöl), Messer
ALTER ab 6

Wenn es zwar kalt ist, aber nicht friert und deshalb die ganzen schönen Eistricks nicht klappen, dann improvisiert Papa mit einer Mandarine. Halt! Nicht einfach schälen und essen! Superdaddy hat da einen Spezialplan: Mit dem Messer die Schale einmal rundherum durchschneiden. Jetzt wird's fummelig: Die Schale muss in zwei ganzen Hälften von der Frucht gelöst werden – und der weiße Mittelstrang muss dabei auch noch erhalten bleiben, das wird nämlich der Docht. Wenn das geschafft ist, können die Kinder die Spalten essen und etwas Öl in die untere Hälfte füllen (so dass das Öl etwa 1 cm hoch steht). Wenn sich der »Docht« schön mit Öl vollgesogen hat, wird in die obere Hälfte ein Loch geschnitten (etwa so groß wie ein 2-Cent-Stück). Dann kann man sie auf die untere Hälfte legen, nach draußen bringen und den Docht vorsichtig anzünden. (Wichtig! Niemals drinnen anzünden!) Leuchtende Kinderaugen garantiert!

SUPERPAPA
… hat natürlich auch eine Idee, um beim verhassten Wintereinkaufsbummel Frau und Kinder aufzuheitern, indem er mit den Kindern einen Passbildautomaten sucht und ein paar lustige Fotoserien macht, während Shopping Mum sich bei H&M in der Umkleidekabine austobt.

Duftorange
MATERIAL Orange, Gewürznelken
ALTER ab 4

Das können auch schon die Kleinen: Eine Orange mit Nelken spicken (Nelken mit dem spitzen Ende in die Schale drücken). Damit es nicht zu esoterisch wird, dürfen die Kinder ihren Hang zu Grimassen ausleben und mit den Nelken fiese Gesichter in die Orangenhaut pieksen. Mama freut sich dann über den guten Duft im Kinderzimmer.

04 PAPA ALS PAUSENCLOWN

 ESSEN FÜR CLOWNSKINDER

 Wenn Sie nach all den Tricks und Spielen und Schnellbasteleien noch Energiereserven haben, dann bereiten Sie jetzt mit den Kindern zusammen ein Abendessen zu, das Ihnen garantiert den höchsten Clownsorden einbringt:

Gesichterpizza
Zutaten (für 4 Pizzen à 20 cm): Pizzafertigteig (zur Not) oder Hefeteig nach dem Rezept von S. 153 (viel besser), 1 Glas rotes Pesto, 1 Packung geraspelter Käse, 4 Tomaten, 1 kleine Dose Mais, 80 g Salami, 1 Paprika
Zubereitung: Den Teig zu vier runden Pizzen à 20 cm ausrollen, auf ein Backblech (eingefettet oder mit Backpapier ausgelegt) legen. Jede Pizza mit Pesto bestreichen und mit etwas Käse bestreuen. Jetzt kommen die Kinder zum Zug: Sie dürfen ihre Pizza so belegen, dass ein lustiges Gesicht entsteht: Salamischeiben als Augen, Paprikastreifen als Mund, Mais als Sommersprossen, noch etwas Käse als Haare – nur so zum Beispiel. Den Kinder fällt da meist jede Menge Quatsch ein – und heute ist das OK!
Die fertig belegten Pizzen müssen bei 100 Grad im Ofen noch 10 Minuten gehen, dann die Temperatur auf 200 Grad stellen und ca. 25 Minuten backen. Die genaue Backzeit richtet sich u. a. nach der Größe der Pizzen und der Dicke des Belags. Immer mal überprüfen, ob der Boden nicht zu hart und die Deko nicht zu dunkel wird!
Dazu gibt es »gute« Limonade. Die gibt es zu kaufen: mit wenig Zucker (z. B. Bionade) oder ganz ohne Zucker (z. B. Fritzlimo). Getrunken wird direkt aus der Flasche mit Strohhalm, dann schmeckt es gleich noch mal so lecker.

Time-out 04

TIME-OUT: BÜCHER & DVDS

Bücher

Ab 4 Alle Bilderbücher von Lauren Child, z.B. Nein! Tomaten ess ich nicht! (Carlsen), denn die Geschichten sind kurz, wahnsinnig lustig und so genial illustriert, dass auch Papa seinen Spaß hat. Und wenn's ein Märchen sein soll: Das große Märchenbilderbuch der Gebrüder Grimm (Thienemann) bietet sechs bekannte Märchen in kindgerechten Worten und mit ganz besonderen Bildern.

Ab 6 Die Vorleseklassiker Der Räuber Hotzenplotz, Das kleine Gespenst und Die kleine Hexe von Otfried Preußler (Thienemann) bieten nicht nur tolle Geschichten für Kinder, sondern auch super Inspirationsquellen für Papas Tricks und das nächste Fingerpuppentheater.

Ab 8 Wenn die Kinder mehr als Papierflieger basteln wollen, lesen Sie mit ihnen Extrembasteln mit Krimskramuri von Antje von Stemm (Gerstenberg). Ein extrem ungewöhnliches Bastelbuch, das neben ausführlichen Anleitungen auch noch eine großartig skurrile Abenteuergeschichte bietet! Gut geeignet für Pausen aller Art sind auch Ratekrimis, z.B. Club der Detektive von Wolfgang Ecke (Ravensburger) oder Kommissar Kugelblitz von Ursula Scheffler (Schneider) oder Finde den Täter von Julian Press, wo die Lösung jeweils in einem Bild versteckt ist (cbj).

DVD

Perfekte Pausenfüller sind (fast) alle Geschichten der Augsburger Puppenkiste. Jim Knopf zum Beispiel, Urmel oder Das Sams. Meist sind auf einer DVD mehrere Folgen à etwa 30 Minuten – optimal für Kinder von 4 bis 10.

04 PAPA ALS PAUSENCLOWN

SPIELEN MIT VIELEN

Stadt, Land, Fluss

MITSPIELER mind. 2
ALTER ab 6

Dieses Spiel können Kinder eher, als man meint, wenn man die Überschriften der Spalten dem Alter anpasst. Die meisten 6–8-Jährigen kennen nicht genügend Länder, Städte und schon gar keine Flüsse. Eine Variante für die Jüngeren wäre zum Beispiel: Stadt oder Land, Name, Tier, Pflanze, Verb, Spielzeug. Und für die Älteren: Stadt, Land, Name, Tier, Pflanze, Beruf, Essen, Automarke. Dann sagt einer der Mitspieler laut »A« und buchstabiert in Gedanken weiter, bis jemand »STOPP« ruft. Er nennt den Buchstaben, den er in Gedanken erreicht hat – zum Beispiel »G« und los geht's. Alle Mitspieler schreiben einen Namen mit G (Gerda), eine Pflanze (Geranie) usw.. Wer als Erster alles ausgefüllt hat, ruft »FERTIG«. Dann werden Punkte gezählt. Für einen Begriff, den auch jemand anders hat, gibt es 5 Punkte. Für einen Begriff, den sonst niemand hat, gibt es 10 Punkte. Und wenn jemand als Einziger überhaupt z. B. ein Land mit »G« gefunden hat, bekommt er 20 Punkte.

Manchmal kann man auch schon viel Zeit damit verbringen, lustige Überschriften für die Ratespalten zu finden. Jeder darf was vorschlagen, zum Beispiel »Indianernamen«, »Kinderlieder«, »ungeliebte Haushaltstätigkeiten« oder »Comic-Helden«.

Kurioses Theater

MITSPIELER mind. 4
ALTER ab 6

Wenn Sie mehrere Kinder ohne Vorbereitung beschäftigen müssen, lassen Sie sie Theater spielen. Aber aufgeführt werden nicht Frau Holle oder Rotkäppchen, nein, die Kinder müssen zum Beispiel zusammen eine Waschmaschine darstellen: Zwei bilden die Trommel, zwei klettern rein und sind

Spielen mit Vielen   04

SPIELEN MIT VIELEN

die Wäsche, einer ruckelt ein bisschen und einer macht das Geräusch usw. Oder sie sollen ein Musikinstrument sein, eine fremde Lebensform oder ein Kaffeeklatsch. Sie werden sehen, den Kindern fallen mehr kuriose Dinge ein als Ihnen!

Geschichte spielen

MITSPIELER mind. 2
ALTER ab 4

Jetzt wird Papa zum Geschichtenerzähler, und die Kinder müssen während des Erzählens Teile der Geschichte darstellen. Zum Beispiel könnte es eine Tiergeschichte sein, und die Kinder müssen sich nacheinander in verschiedene Tiere verwandeln: wie eine Katze schleichen, wie ein Löwe brüllen, wie ein Frosch hüpfen. Oder die Geschichte handelt von Indianern, die sich barfuß (Schuhe und Strümpfe aus!) auf Zehenspitzen (auf Zehenspitzen gehen!) durch den Wald schleichen. Als sie ein Geräusch hören, klettern sie auf einen Baum (irgendwo hochklettern!) und lauschen (Hand hinters Ohr!) usw.

Stille Post

MITSPIELER mind. 2
ALTER ab 4

Kennt eigentlich jeder, macht riesig Spaß. Alle setzen sich in einen Kreis. Ein Kind denkt sich einen Satz aus, z.B. »Simone und Dagmar gehen in den Zoo«, und flüstert seinem Nachbarn diesen Satz ins Ohr. Der flüstert ihn weiter – so, wie er ihn verstanden hat. Das letzte Kind sagt laut, was beim ihm angekommen ist. Vielleicht: »Bohne und Papa sehen in ein Klo.« Nicht lustig? Auf dem Papier vielleicht nicht, aber in echt ist das schreiend komisch – wirklich!

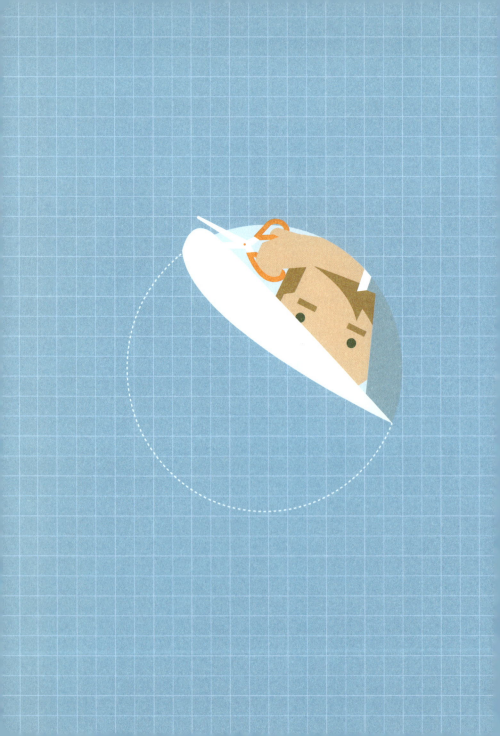

ANHANG

INHALT

Papas haben es vielleicht nicht immer so mit Schnittbögen und Kochbüchern, aber mit diesen Kopiervorlagen und Bastelanleitungen kann eigentlich nichts mehr schiefgehen. Und wenn die Kinder doch mal in die Küche wollen, finden Sie hier noch ein paar Rezepte, die Spaß und ein bisschen Dreck machen – und gar nicht so viel Geduld brauchen!

BASTELANLEITUNGEN

Schneeflocke
Papierbecher
Papierhut / Schiff
Haus
Papierflieger: Die Schwalbe

KOPIERVORLAGEN

Detektiv: Kodier- und Dekodierscheibe
Pirat 1: Totenkopf
Pirat 2: Säbel und Schwert
Bilderrätsel

REZEPTE

Hefeteig
Holunderblütenpfannkuchen
Holundersaft
Holundergelee
Löwenzahnsalat mit Gänseblümchen
Badezusatz aus Fichtennadeln

REGISTER

ANHANG

Abb. Schneeflocke
- 01a Kreis zeichnen
- 01b Ausschneiden
- 01c Zu einem Achtel falten
- 01d Muster zeichnen und ausschneiden
- 01e Auseinanderfalten

01a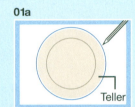

01b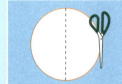

01c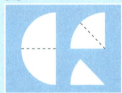

01d

01e

Abb. Papierbecher
- 01a Quadrat Ecke auf Ecke falten
- 01b Rechte Ecke zur Mitte
- 01c Linke Ecke zur Mitte
- 01d Spitzen zu beiden Seiten herunterklappen
- 01d Spitzen leicht festkleben

01a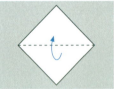

01b

01c

01d

01e

 Wenn Sie beide Ecken nach vorne knicken und nur eine festkleben, haben Sie ein Portemonnaie. Und wenn Sie an den Becher noch einen Papierstreifen als Henkel kleben, haben Sie einen Korb!

Bastelanleitungen

Abb. Papierhut / Schiff

- **01a** Rechteck in der Mitte falten
- **01b** Ecken zur Mitte falten
- **01c** Unteren Teil an beiden Seiten hochklappen
- **01d** Ecken umknicken
- **01e** Papierhut = fertig
- **01f** Hut zusammendrücken
- **01g** Spitzen auf beiden Seiten nach oben falten
- **01h** An den Seiten zusammendrücken
- **01i** An den Ecken auseinanderziehen
- **01j** Schiff = fertig

01a

01b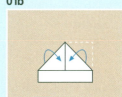

01c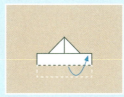

01d

01e

01f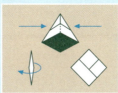

01g

01h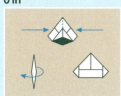

01i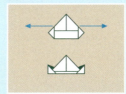

01j

Man kann die Größe des »Segels« und der »Bordwand« variieren, indem man die unteren Ecken mal nur ein bisschen umknickt und mal bis ganz auf die obere Spitze faltet!

ANHANG

Abb. Haus

01a Quadrat durch Falten in 16 Felder aufteilen und an den orange markierten Linien einschneiden

01b Papier in der Mitte so knicken, dass A auf A liegt

01c A auf A festkleben

01d B auf A klappen, so dass ein Haus entsteht

01e Festkleben

01f Mit den anderen B-Quadraten genauso verfahren

01g Haus fertig

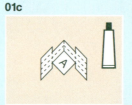

Die Felder entstehen, indem man ein quadratisches Stück Papier Kante auf Kante faltet und die Kanten dann noch mal auf den Mittelbruch faltet. Das macht man mit beiden Seiten!

Bastelanleitungen

Abb. Papierflieger: Die Schwalbe

01a Ecken schräg auf die gegenüberliegenden Kanten falten. Am Kreuzpunkt gerade nach hinten umfalten. Wieder aufklappen

01b An den Falzen so einfalten, dass eine Spitze entsteht

01c Ecken zur Mitte falten

01d Untere Kanten noch mal zur Mitte falten, aber wieder aufklappen

01e Obere Kanten zur Mitte falten, aber wieder aufklappen

01f Obere Lage an den Falzen aufstellen und über den markierten Kreuzpunkten so zusammendrücken, dass eine Spitze entsteht

01g Überhang nach hinten falten

01h Quer zusammenfalten und entlang der Nase die Flügel abklappen. Seitenruder an den Kanten hochfalten. Mit einem dreieckigen Kniff noch einen »Zwickel« falten

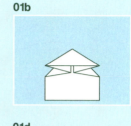

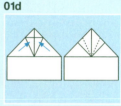

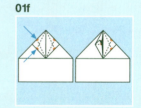

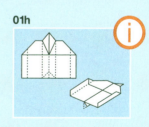

Der Zwickel ist ein Dreieck, das ans Ende des Steges, an dem man den Flieger anfasst, gefaltet wird. Dieser Kniff ist entscheidend für die Flugfähigkeit: Ein großer, steiler Zwickel macht die Schwalbe zum Kunstflieger, ein kleiner Zwickel lässt sie besonders gut gleiten.

ANHANG

Vorl. Detektiv: Kodier- und Dekodierscheibe
01a Obere Scheibe
01b Untere Scheibe

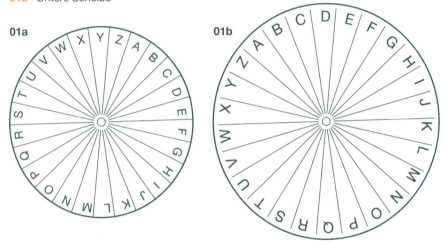

Vorl. Pirat 1: Totenkopf

Kopiervorlagen

Vorl. Pirat 2:
01 **Säbel**
02 **Schwert**

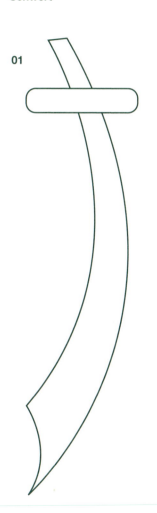
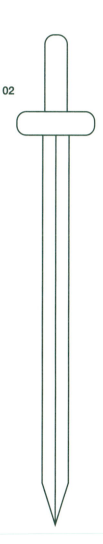

ANHANG

Vorl. Bilderrätsel

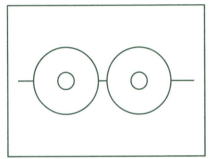

Zwei Mexikaner auf einem Tandem (von oben gesehen)

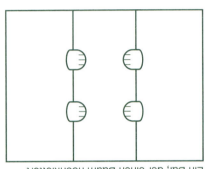

Ein Bär, der einen Baum hochklettert

Eine Giraffe, die am Fenster vorbeigeht

Ameisen, die durch eine Pfütze Wein gehen (v.l.n.r.)

ⓘ Wenn Sie selbst zeichnen, finden die Kinder das natürlich cooler ... Früher waren solche »Drudel« übrigens auch eine beliebte Party-Belustigung unter Erwachsenen!

Rezepte

REZEPTE

Grundrezept für Hefeteig z. B. für Stockbrot (S. 43) oder Gesichterpizza (S. 140)

Zutaten: 500 g Mehl, 80 g weiche Margarine (evtl. in der Mikrowelle schmelzen lassen), 1 Becher warme Milch (Wasser tut's auch), 1 Päckchen Trockenhefe, Salz
Zubereitung: Das Mehl mit der Hefe und einem halben Teelöffel Salz verrühren, Margarine und Milch dazugießen und mit dem Mixer durchkneten. Zu einer Kugel formen (vielleicht muss noch ein bisschen Mehl dazu, damit es nicht klebt) und in der Schüssel an einem warmen Ort gehen lassen.
Für Pizza den Teig platt machen (so rund, dass ein Gesicht drauf Platz hat), am besten ein Glas Pesto als Grundierung darauf verstreichen und dann Pilze, Mais, Salami etc. verteilen, zum Schluss mit Raspelkäse bestreuen. In den Ofen, bei 100 Grad noch mal 10 Min. gehen lassen und dann bei ca. 200 Grad etwa 30 Min. backen. Immer mal gucken, ob der Boden nicht zu hart wird.
Für ein Räuberbrot kann man Schinkenwürfel, Kräuter, Mohrrübenraspel etc. unter den Teig kneten. Einen Laib formen und etwas platt drücken (backt schneller und besser). Im Ofen bei 100 Grad noch mal 10 Min. gehen lassen und dann bei ca. 200 Grad etwa 30 Min. backen. (Backzeit richtet sich nach Größe und Dicke des Brotes!)

Holunderblütenpfannkuchen

Zutaten: 1/2 l Milch, 200 g Mehl, 100 g Haferflocken, 4 Eier, etwa 10 Holunderblütendolden, 1 Prise Salz
Zubereitung: Mehl mit Milch, Haferflocken, Eiern und Salz verquirlen und etwa 10 Min. quellen lassen. Von den Holun-

ANHANG

derdolden die Blüten abschneiden (Achtung: NUR die Blüten, die grünen Teile machen Bauchweh). Etwas Margarine oder Öl in einer Pfanne erhitzen – am besten geht's in einer beschichteten Pfanne –, etwa eine Kelle Teig in die Pfanne geben, verlaufen lassen und ein paar Blüten draufstreuen. Von beiden Seiten goldgelb backen. (Wenn die Kinder versprechen, die Stängel nicht in Massen zu essen, macht es noch mehr Spaß, die ganze Dolde einfach in den Teigfladen zu drücken und dann kross vom Stengel zu knabbern!)

Holundersaft

Zutaten: 2,5 kg reife Holunderbeeren, 1,5 kg Zucker, 1 halbe Zitrone, verschließbare Flaschen (heiß ausspülen!)
Zubereitung: Beeren (wirklich nur die Beeren, alles Grüne muss ab) waschen, in einen Topf geben und 1 l Wasser draufgießen. Zum Kochen bringen und anschließend 10 Min. weiterköcheln lassen. Ein Sieb mit einem alten Geschirrtuch auslegen und den Holunderbeerensud durchgießen bzw. -pressen. Zum Schluss das Tuch noch mal feste ausdrücken. Dieser Saft wird nun mit Zucker und Zitrone vermischt und noch mal aufgekocht. Den heißen Saft in Flaschen füllen und sofort verschließen. Nach dem Abkühlen kühl und dunkel aufbewahren – bis die erste Erkältung kommt. Holunderbeeren enthalten viel Vitamin C, und deshalb soll man im Winter viiiiel Holundersaft trinken!

Holundergelee

Zutaten: 1 kg Holunderbeeren ohne Stängel, Gelierzucker
Zubereitung: Beeren in einen Topf geben und so viel Wasser dazugießen, dass alle bedeckt sind. Kochen, bis die Beeren aufplatzen. Die Chose wie oben beschrieben durch ein Tuch

Rezepte

pressen und die gesiebte Flüssigkeit mit Gelierzucker (Menge siehe Packungsanleitung) erneut kochen, bis die Masse geliert. In ausgekochte Gläser füllen, Deckel drauf und auf den Kopf stellen.

Löwenzahnsalat mit Gänseblümchen

Zutaten: zwei Papa-Hände voll Löwenzahnblätter, Gänseblümchenblüten nach Belieben, Öl, Zitronensaft, etwas Salz, Pfeffer und Zucker
Zubereitung: Löwenzahn und Gänseblümchen waschen und abtropfen lassen. Löwenzahnblätter klein schneiden. Ein Dressing aus Öl und Zitronensaft (oder Essig) mixen, mit Salz, Pfeffer und Zucker abschmecken, über den Salat gießen – fertig. Natürlich kann man dazu auch noch Tomaten, Mais, Zwiebeln etc. untermischen, je nachdem, was die Küche so hergibt und was den Kindern schmeckt. Und wenn die das leicht säuerliche Essig-Öl-Dressing nicht mögen, kann man auch eine milde Salatsoße aus etwa 150 g Joghurt, 2 EL Öl und etwas Zitronensaft anrühren.

Badezusatz aus Kiefern- oder Fichtennadeln

Zutaten: drei kleine Kiefern- oder Fichtenzweige
Zubereitung: Von den Zweigen die Nadeln abfummeln oder aber die Zweige möglichst klein schnipseln. In einen Topf mit etwa 1,5 l Wasser geben. 30 Min. ziehen lassen, dann erhitzen, bis das Wasser kocht. 10 Min. kochen lassen. Mit einem Tuch abdecken und nochmals 10 Min. ziehen lassen. Dann wird der Sud durch ein Tuch oder Sieb gegossen. Die so gewonnene Flüssigkeit kann direkt ins Badewasser – soll entzündungshemmend wirken, gegen Husten helfen und vor allem herrlich wärmen und beleben!

REGISTER

Abenteuerspielplatz 79
Ahornsamen 131
Angel, Angeln 53, 74
Äquatorwache 82
Aufräumen 79, 115
Augen leuchten in der Dunkelheit 83
Ausnahmen 78, 101, 114, 115
Außentemperatur 17, 27, 114

Barometer 17, 55, 87, 99, 117
Basics 10, 52, 84, 114
Bastelvorlagen 144–152
Bauklötze aus Eis 137
Baumhaus 35, 36, 159
Beaufort 98
Becherlupe 52
Beeren 22, 58, 59, 154
Bierdeckel fangen 128
Bilderrätsel 152
Bio-Kleber 108
Bio-Kunststoff 108
Boot, klein 31 → s.a. Schnellboot
Botanisiertrommel 88
Brombeere 58, 59
Buch, Bücher 48, 81, 111, 141
Büchsenstelzen 30

Camping → Zelten
Cäsar-Chiffre 44
Cirruswolken 100

Dosentelefon 47
Drachensteigen → Spitzdrachen
Duftorange 139
DVD 10, 18, 48, 81, 85, 111, 141

Edelsteine 60
Eicheln, ~pfiff 130, 138
Einwegkamera 53, 78
Eisdeko 138
Eishalle 80
Eislaterne 26

Eisstockschießen 113
Erbsenspuk 124
Erste Hilfe 84
Essen 42, 69, 74, 101, 140, 153

Feldflasche 52, 69
Feldstecher, Fernrohr 53, 64
Fernsehen, Fernseher 85, 115
Fertighaus 133
Feuchtigkeitsmesser 99
Feuer machen 36, 37, 43, 74, 159
Feuer, Wasser, Luft 50
Fingerpuppen, ~theater 134, 135
Fische fangen, ausnehmen 74, 75
Fitzcarraldo 49
Flaschenknoten 33, 36
Flaschenpost 39
Flitzebogen 20
Floß, echt 40–42
Floß, klein 31
Flöte 22
Fossilien 60
Fotos 53, 65, 70, 78, 85, 139
Fußabdrücke in Gips 46
Futterkette 94

Galgen raten 85, 119
Geheimschriften 44
Geheimtinte 46
Geisterbahn 113
Geocaching 34
Geräusche-Memory 112
Geschichte spielen 143
Gesichterpizza 140, 153
Gewitter 88, 100
Giftnotruf 59
Giftpflanzen 59
Goodies 84
GPS 34
Grashalm blasen 130
Großer Hund, Sternbild 76, 77
Großer Wagen, Sternbild 76, 77
Gruselhand 138
Gummibärchen 84, 102

156

Gummischleuder → Schleuder
Gummistiefel 85

Harmonie 18, 114, 115
Häuptling, Häuptling, wie weit darf ich reiten?
50
Hefeteig 43, 140, 153
Holunder 58, 59 → s. a. Pusterohr
Holundergelee, ~saft, ~blütenpfannkuchen
58, 153, 154

Igel 89
Iglu 26, 27
Impulserhalt 104
Indianerhandzeichen 25
Indianerkopfschmuck 19
Indoorspielplatz 79

Kapitänshut 29
Karabinerhaken 53
Kartentrick 125, 126
Kasein 108
Kastanien, abschlagen 62, 63
Käuzchenruf 130, 131
Kegeln 82
Kescher 90
Kinder in der Stadt 32, 78–80
Kleidung 18, 85
Kleiner Wagen, Sternbild 76, 77
Kletterhalle 80
Kokosnuss 42, 93
Kompass 40, 52, 57, 76, 96
Kopiervorlagen 150, 151
Kreuzknoten 33
Kumuluswolken 100

Labor 102–109
Lieder 48, 84, 118, 159
Logbuch 34, 85
Löwenzahn, ~kringel 58, 111, 131, 155
Luftballon 82, 99, 104, 106, 113
Luftdruck 99, 109, 110
Lupe 36, 37, 52, 98

Malkittel 28
Mandarinenlampe 139
Milch 46, 89, 108
Mini-Treibhaus 94
Mord im Dunkeln 51
Morsezeichen raten 75
Münze, befreite 110
Münzen fangen 123
Münztrick 124, 127
Murmeln 39, 53, 60, 138
Muschelkette 66, 68
Museum, kindertauglich 78
Must-haves 91

Natron 103, 105
Naturbett 72, 73
Nicht-den-Boden-berühren 49, 133, 134

Orientierungshilfen 100
Orion, Sternbild 77

Palstek 33
Pantomime 134
Papierbasteleien 120
Papierflieger 120, 149
Pfefferfinger 128
Pfeife 22, 23, 53
Pfeil und Bogen 20-22
Pflaster 22, 84
Piratentuch 28
Planetarium 79
Polarstern 76, 77
Proviant 43, 69, 80, 85, 114
Pusterohr 22, 23
Pustewettbewerb 130

Rakete 104, 107
Rallye 71, 78, 83
Rätsel 34, 78, 129, 152
Räuberbrot 43, 153
Regenwurmfarm 89
Rezepte 74, 69, 153–155

Säbel 29–30, 151
Sandburgen 56, 65
Sandwich, mega 69, 85
Schattenspiele 135
Schatzsuche 32, 34, 68
Schiffe versenken 121
Schleuder 37, 38
Schlitten 71
Schmetterlingsnetz 90
Schneeflocken 70, 98
Schneekristalle 98
Schneeschuhe 70
Schnellboot 104, 106
Schnitzen 19, 20, 22, 64
Schrottplatz 79
Schwan, Sternbild 76, 77
Schwimmbad 78, 80
Seemannsknoten 33
Seemannssprache 35
Seifenkiste 79
Sessellift 71
Shoppen 52, 53
Singen 84
Sirius, Sternbild 76, 77
Spielen mit Vielen 49–51, 82, 83,
112, 113, 142, 143
Spitzdrachen 66
Spuren suchen 95
Stadt Land Fluss 142
Stalagmiten 109
Stalaktiten 109
Staudamm 61, 85
Stein, Schere, Papier 121
Stelzen 30 → s. a. Büchsenstelzen
Sternbilder 76, 77
Stille Post 143
Stockbrot 19, 43, 153
Strandgut in Gips 68
Stratuswolken 100
Streichholzschachtel-Nasen 128
Streichholzschachteltrick 125
Strickleiter 33, 36
Stromboli 103
Strukturen sammeln 91

Tannenzapfen-Hygrometer 99
Taschenlampe 53, 75, 83
Taschenmesser 19, 52
Theater, kurios 134, 142
Tiere identifizieren 112
Tierspuren 95
Time-out 48, 66, 81, 111, 141
Tischfußball 136
Tricks in der Natur 130
Trillerpfeife 53
Trinkflasche 32 → s. a. Shoppen, Feldflasche
Über Hindernis hangeln 49
Unterwasserkamera 53, 78
Urban Jungle 78, 79

Verschlüsselung 44, 45
Vitamintabletten 103, 104, 107
Vogelfutter 92–94
Vogelhaus 91, 93
Vulkan 87, 103

Wackelpudding 101
Wanderstock 64
Wetterfahne 96, 97
Wetterforscher 96–99
Wigwam 24
Windrad 97
Windstärke 98
Wintermurmelbahn 70
Winter-Seifenblasen 137
Wolkenkunde 100
Wortketten 122
Würmer, fiese 105

Zaubertricks 124
Zelt, einfach 35, 53
Zelten 53, 72, 73
Zoo 78
Zungenbrecher 132
Zwergengolf 60, 65

TOP TEN

**10 Sachen, die ein Papa mal gemacht haben muss –
mit den Kindern oder für sie:**

01 Eine Nacht unter freiem Himmel verbringen ☐

02 Ein albernes Lied oder einen Nonsensvers erfinden ☐

03 Ein Floß oder ein Baumhaus bauen ☐

04 Ein Baby stundenlang in den Schlaf tragen ☐

05 Ein Lagerfeuer machen (na gut, oder einen Baum pflanzen) ☐

06 Ein elektrisches Gerät aufschrauben – und erklären ☐

07 Ein Fahrrad reparieren ☐

08 Einen Pfannkuchen backen und in der Luft wenden ☐

09 Zum Arzt begleiten ☐

10 Ein Wochenende wegfahren ☐

AUTORIN & ILLUSTRATORIN

Abb. Mahrenholtz und Parisi
A Katharina Mahrenholtz
B Dawn Parisi

INFORMATION

Vom gleichen Team bereits erschienen: Wo der Hammer hängt (2006), Schwangerschaft & Geburt und Die Hochzeit (beide 2007).

Die Autorin
Katharina Mahrenholtz hat sich schon durch viele Autofahrten, Regennachmittage und Kindergeburtstage gespielt – und war immer froh, wenn der Vater der Kinder übernommen hat, um Wünsche wie Drachenbau, Feuermachen, Nacktschneckenrennen oder geräuschintensive Verfolgungsjagden zu erfüllen. Spielfreudige Papas mit Zeit sind nämlich nicht nur für die Kinder ein wahrer Segen. Apropos Zeit: Hauptberuflich arbeitet Katharina Mahrenholtz als Kulturredakteurin beim NDR, weshalb dieser Band auch so viele unglaublich wertvolle Buchtipps enthält.

Die Illustratorin
Dawn Parisi lebt in Paris und arbeitet als freie Illustratorin für Designagenturen, Verlage und Filmproduktionen. Als Nesthäkchen mit zwei Schwestern fiel ihr beim Stichwort »Spielen« bisher hauptsächlich eines ein: Streiche spielen. Die Gestaltung dieses Buchs für Bambini und Daddys hat ihr Repertoire außerordentlich erweitert und sie außerdem in einer uralten Erkenntnis bestärkt: Spielen ist das Größte für kleine Kinder – und das Allergrößte für große Jungs.